سلسلة المعارف التعليمية

التجويدُ الميسَّر

دار المعارف الإسلامية الثقافية

الــــكـــتـــاب:	**التجويدُ الميسَّر**
إعــــــداد:	مركز المعارف للتأليف والتحقيق
إصــــــدار:	**دار المعارف الإسلامية الثقافية**
تصميم وطباعة:	DB‑UK 00961 3 336218

الطبعة الأولى – 2017م

ISBN 978-614-467-26-2

books@almaaref.org.lb
00961 01 467 547
00961 76 960 347

سلسلةُ المَعارِفِ التعليميّة

التجويدُ الميسَّر

دار المعارف الإسلامية الثقافية

بسم الله الرحمن الرحيم

الفهرس

المقدّمة

الحمد للّه رب العالمين، وصلّى الله على سيّدنا محمّد ﷺ وعلى آله الطاهرين، وبعد...

يُعتبر القرآنُ الكريمُ أفضلَ كتابٍ سماويٍّ مِن بين الكتب السماوية التي نزلت على الأنبياء ﷺ، روي عن رسول الله ﷺ: «**فضل القرآن على سائر الكلام كفضل الله على خلقه**»[1].

ولتعلُّم القرآن الكريم وقراءتِه فضلٌ كبير، فعن رسول الله ﷺ: «**لا يعذّب اللهُ قلباً أسكنه القرآن**»[2].

فلا غنى للمسلم عن مصاحبة القرآن وتلاوته، حيث يعيش الإنسان فيه مع الله تعالى، ويقتبس من نوره. والتلاوة عبادة يُثاب عليها المؤمن، ويؤجَر على كلّ حرف يقرأه. ولكن كيف نقرأ القرآن، وكيف نستفيد من آياته؟ هل نقرؤه لمجرّد التلاوة؟ أم نقرؤه لنجعله نوراً لنا في ظلمات الجهل والدنيا، يُسدّد وجهتنا ويُحسّن مسلكنا؟ ألم يقرع أسماعَنا قولُ رسول الله ﷺ: «**كم من تالٍ للقرآن والقرآن يلعنه لأنّه أقام حروفه وضيّع حدوده!**»[3].

لهذا، فالمطلوب أن يعيش المسلم مع القرآن؛ تلاوةً واستماعاً وتدبّراً، بحيث يتفاعل خشوعاً وخضوعاً لحضرة الباري عزّ وجل، ويتجلّى في مقام العمل هدياً وسلوكاً والتزاماً بأوامر الله عزّ وجلّ ونواهيه. قال تعالى ﴿إِنَّ هَٰذَا ٱلْقُرْءَانَ يَهْدِى لِلَّتِى هِىَ أَقْوَمُ وَيُبَشِّرُ ٱلْمُؤْمِنِينَ ٱلَّذِينَ يَعْمَلُونَ ٱلصَّٰلِحَٰتِ أَنَّ لَهُمْ أَجْرًا كَبِيرًا﴾[4].

---

(1) العلامة المجلسي، بحار الأنوار، مؤسسة الوفاء - بيروت - لبنان، 1403 - 1983م، ط2، كتاب القران،ج89،ص19.

(2) م.ن ج 89، ص 184.

(3) م.ن.

(4) سورة الإسراء، الآية 9.

هذا كتاب مختصَر في قواعد التجويدِ والوقفِ والابتداء، راعينا فيه الاختصار، من دون التعرُّضِ للآراء المختلفة في بعض الأحكام، ومن دون الغوصِ في التفاصيل الدقيقة، تسهيلاً على الطالب المبتدئ، آملين من المولى أن نساهم في إدخال نورِ القرآن إلى قلوبِ الوالهينَ لقراءةِ آياتِه والعطشى لترتيلِ كلماتِه، راجينَ منه تعالى أن يتقبَّلَ عملَنا هذا بقَبولٍ حَسَنٍ، إنه سميعُ الدعاء.

والحمدلله ربّ العالمين

مركز المعارف للتأليف والتحقيق

فضلُ تعلُّمِ القرآنِ الكريمِ وآدابُ تلاوتِه

فضْلُ تعلُّمِ القرآنِ الكريمِ:

يُعتبر القرآنُ الكريمُ أفضلَ كتابٍ سماويٍّ مِن بين الكتب السماوية التي نزلت على الأنبياء عليهم السلام، وهو كتابُ الله الخالدُ، الذي لا يأتيه الباطل من بين يديه ولا من خلفه. وكما قال الرسول الأكرم محمد ﷺ: «القرآن هدىً من الضلالة، وتبيانٌ من العمى، واستقالةٌ من العثرة، ونورٌ من الظلمة، وضياءٌ من الأحداث، وعصمةٌ من الهلكة، ورُشْدٌ من الغواية، وبيانٌ من الفتن...»[1].

ولتعلُّمِ القرآنِ الكريمِ وقراءتِه فضلٌ كبير، فعن رسول الله ﷺ: «من قرأ حرفاً من كتاب الله تعالى فله حَسَنة، والحَسَنةُ بعَشرِ أمثالها»[2]. وفيما يلي باقة من آداب تلاوته وتعلُّمه:

آدابُ تلاوةِ القرآنِ الكريمِ:

بما أنّ القرآنَ الكريمَ هو كتابُ الله، وأفضلُ الكلام، فإنّ لتلاوته آداباً ينبغي مراعاتُها. من هذه الآداب:

1- الطهارة: قال الله تعالى: ﴿لَّا يَمَسُّهُۥٓ إِلَّا ٱلۡمُطَهَّرُونَ﴾[3]، وورد عن أمير المؤمنين عليه السلام: «لا يقرأ العبدُ القرآنَ إذا كان على غير طهور حتى يتطهّر»[4].

---

(1) العلامة المجلسي، بحار الأنوار، ج89، ص26.

(2) الترمذي، سنن الترمذي، ج4، ص248، تحقيق وتصحيح عبد الرحمن محمد عثمان، دار الفكر، لبنان، ط2، 1983م، باب ما جاء في من قرأ حرفاً من القرآن.

(3) سورة الواقعة، الآية 79.

(4) الحر العاملي، محمد بن الحسن، وسائل الشيعة (آل البيت)، مؤسسة آل البيت عليهم السلام لإحياء التراث بقم المشرفة، 1414، ط2، باب استحباب الطهارة لقراءة القرآن، وجواز قراءة الجنب والحائض،ح2،ج6، ص196.

2- تنظيف الفم: فقد ورد عن رسول الله ﷺ أنه قال: «نظِّفوا طريقَ القرآن، قيل: يا رسول الله، وما طريقُ القرآن؟ قال ﷺ: أفواهُكم»[1].

3- استقبال القِبلة: لأنها أفضل الجهات، وهي جهة بيت الله الحرام، ونحوَها نتوجّه في صلواتنا.

4- الاستعاذة: وهي قول (أعوذُ باللهِ من الشيطانِ الرجيم)، وذلك لقوله تعالى: ﴿فَإِذَا قَرَأْتَ ٱلْقُرْءَانَ فَٱسْتَعِذْ بِٱللَّهِ مِنَ ٱلشَّيْطَٰنِ ٱلرَّجِيمِ﴾[2].

5- القراءة بخشوع: قال تعالى ﴿لَوْ أَنزَلْنَا هَٰذَا ٱلْقُرْءَانَ عَلَىٰ جَبَلٍ لَّرَأَيْتَهُۥ خَٰشِعًا مُّتَصَدِّعًا مِّنْ خَشْيَةِ ٱللَّهِ﴾[3].

6- التدبُّر: قال تعالى ﴿كِتَٰبٌ أَنزَلْنَٰهُ إِلَيْكَ مُبَٰرَكٌ لِّيَدَّبَّرُوٓا۟ ءَايَٰتِهِۦ وَلِيَتَذَكَّرَ أُو۟لُوا۟ ٱلْأَلْبَٰبِ﴾[4]، وقال في آية أخرى ﴿أَفَلَا يَتَدَبَّرُونَ ٱلْقُرْءَانَ أَمْ عَلَىٰ قُلُوبٍ أَقْفَالُهَآ﴾[5].

7- النظر في القرآن: فقد ورد عن الإمام الصادق ﷺ: «مَن قرأ القرآن في المصحف مُتِّع ببصره، وخُفِّف عن والديه وإن كانا كافرَين»[6].

8- تحسين الصوت: لِما ورد عن رسول الله ﷺ: «لكلّ شيء حِلْيةٌ، وحِلْيةُ القرآن الصوتُ الحَسَن»[7].

---

(1) الحر العاملي، وسائل الشيعة،ج2، ص22.

(2) سورة النحل، الآية 98.

(3) سورة الحشر، الآية 21.

(4) سورة ص، الآية 29.

(5) سورة محمد، الآية 24.

(6) الحر العاملي، وسائل الشيعة،ج6، ص204.

(7) م.ن، ص211.

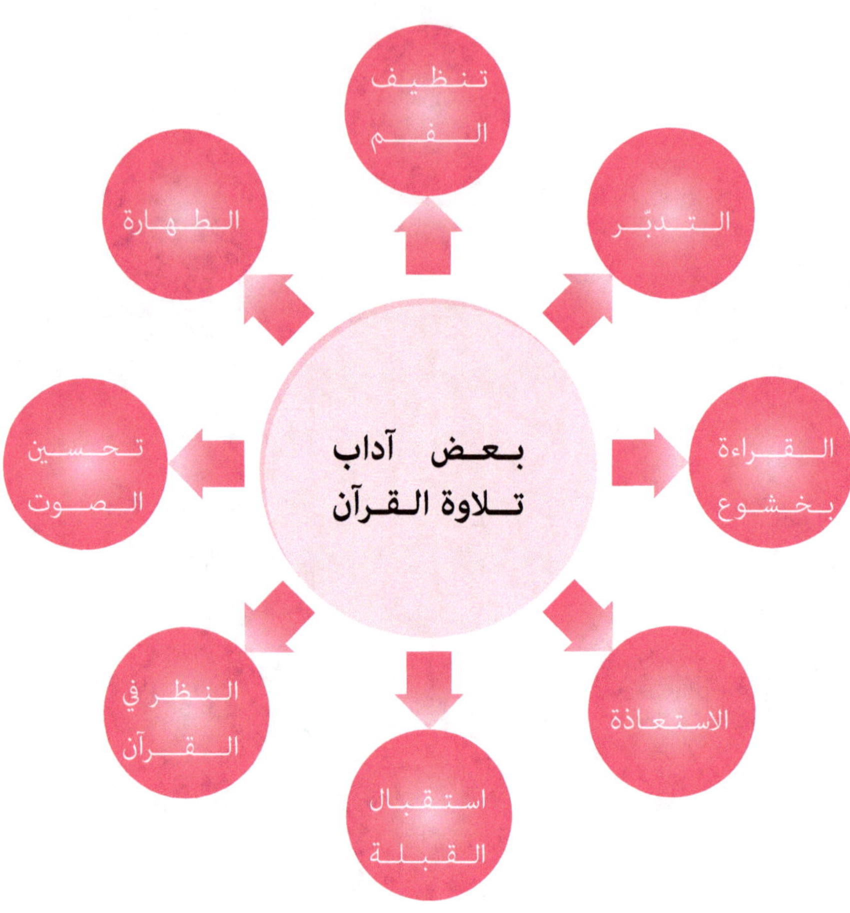
تنظيف الفم
التدبّر
الطهارة
القراءة بخشوع
بعض آداب تلاوة القرآن
تحسين الصوت
الاستعاذة
النظر في القرآن
استقبال القبلة

تعريفُ عِلْمِ التجويد

أهداف الدرس

على المتعلّم مع نهاية هذا الدرس أن:

1 . يعرف معنى الترتيل.

2 . يدرك أهميةَ دراسةِ مخارجِ الحروفِ وصفاتِها، وكذلك بالنسبة إلى الوقفِ والابتداء.

3 . يعرف اللَّحن بكلا قسميه.

مقدّمة:

إذا أردْنا أنْ نتحدَّثَ بلغةٍ مبسَّطةٍ حولَ حقيقةِ مادّةِ التجويد، فإنَّنا سوفَ نرى أنفسَنا نتعلَّمُ لغةً عربيّةً صحيحةً مِنْ حيثُ النطقُ السليمُ واللفظُ الصحيحُ للحروفِ، لتفادي الإخلالِ بمعنى الكلمةِ.

وهذا ما سنراهُ انطلاقاً مِنَ الحديثِ المشهورِ للإمام عليٍّ ﷺ، والذي يُعرِّفُ فيه الترتيلَ. يقولُ أميرُ البلاغةِ عليُّ بنُ أبي طالبٍ ﷺ:

«**الترتيلُ هو تجويدُ الحروفِ ومعرفةُ الوقوف**»[1].

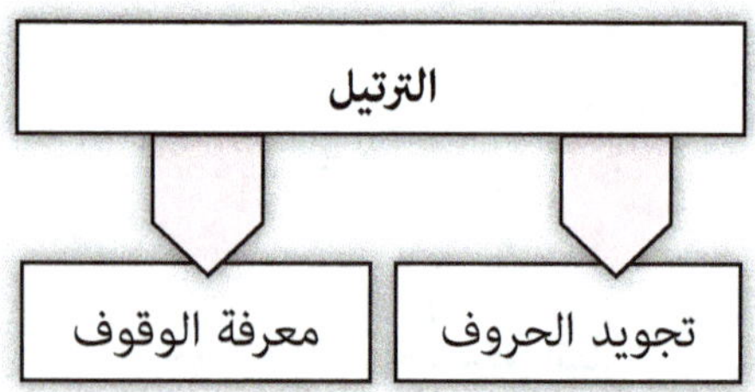

- فالمرادُ من تجويد الحروف هو بيانُها: بمعنى أنْ يُعطيَ القارئُ الحرفَ حقَّهُ مِنْ حيثُ المخرجُ والصفةُ، فيحافظ على معنى الكلمةِ السليمِ.

- والمرادُ من معرفة الوقوف هو حِفْظُها وضبطها، بحيث لا يقف القارئُ كيفما كان، بلْ يقف حيثُ يكونُ الوقفُ جيّداً، ولا يُخِلُّ بالمعنى.

---

(1) جلال الدين السيوطي، الإتقان في علوم القرآن، سعيد المندوب، دار الفكر، 1416 - 1996م، ط1، ج1، ص221.

الترتيلُ في القرآن:

لقد ذكر اللهُ تعالى الترتيلَ مرَّتينِ في كتابِهِ العزيزِ:

قال الله تعالى: ﴿وَقَالَ ٱلَّذِينَ كَفَرُواْ لَوْلَا نُزِّلَ عَلَيْهِ ٱلْقُرْءَانُ جُمْلَةً وَٰحِدَةً كَذَٰلِكَ لِنُثَبِّتَ بِهِۦ فُؤَادَكَ وَرَتَّلْنَٰهُ تَرْتِيلًا﴾[1].

وقال: ﴿يَٰٓأَيُّهَا ٱلْمُزَّمِّلُ ۝ قُمِ ٱلَّيْلَ إِلَّا قَلِيلًا ۝ نِصْفَهُۥٓ أَوِ ٱنقُصْ مِنْهُ قَلِيلًا ۝ أَوْ زِدْ عَلَيْهِ وَرَتِّلِ ٱلْقُرْءَانَ تَرْتِيلًا﴾[2].

أمثلةٌ حولَ بيانِ الحرفِ، مخرجاً وصفةً:

لو أخذْنَا كلمة «كَثيراً»، ولمْ نُخرِجْ حرفَ «ث» مِنْ مخرجِهِ الصحيحِ؛ أي اللَّثَة، فتصبح الكلمةُ «كَسيراً»؛ أي مكسوراً.

وأيضاً، لو لم نضبطْ صفةَ بعضِ الحروفِ، فيصبح هناكَ خللٌ واضحٌ في المعنى. وهنا نأخذُ مثالاً على كلمةِ ﴿عَسَىٰ رَبُّكُمْ﴾، فلوْ لمْ نلتفِتْ إلى صفةِ الترقيقِ في حرفِ «س»، واستبدلناه بصفةِ التفخيم- وهذا ما نقعُ به كثيراً-، فيصبح اللفظُ «عَصَى رَبُّكُمْ»، وهذا المعنى فاسدٌ قطعاً.

مثالٌ آخرُ حولَ كلمةِ «أعداء»، فلوْ لمْ نرقِّقْ حرفَ «د»، لتحوَّلتْ كلمةُ «أعداء» إلى «أعضاء».

مِنْ هنا نرى أهمِّيَّةَ ضبطِ مخارجِ الحروفِ وصفاتِها، ليكونَ النطقُ سليماً، وتأخذَ الكلمةُ حقَّها في معناها الحقيقيِّ.

أمثلةٌ حولَ ضبطِ عمليَّةِ الوقفِ والابتداءِ:

﴿وَلَا يَحْزُنكَ قَوْلُهُمْ إِنَّ ٱلْعِزَّةَ لِلَّهِ جَمِيعًا هُوَ ٱلسَّمِيعُ ٱلْعَلِيمُ﴾[3].

---

(1) سورة الفرقان، الآية 32.

(2) سورة المزمل، الآيات 1-4.

(3) سورة يونس، الآية 65.

في هذا المثالِ، لوْ جمعْنا الجملةَ كاملةً في اللفظِ، يصبحُ المعنى: لا تحزن على قولهم إن العزة لله.

عِلْماً أنَّ المعنى هو أنَّ اللهَ تعالى يقولُ لنبيِّهِ ﷺ: لا تحزنْ لقولِهمُ الباطلَ في الكفرِ والشركِ، واعلمْ (يخاطبُ النبيَّ ﷺ) أنَّ العزَّةَ لله.

فالوقفُ على كلمةِ (قولهم) في هذه الآيةِ يعتبر وقفاً لازماً.

مثالٌ آخَر:

﴿إِنَّ ٱللَّهَ لَا يَهْدِى ٱلْقَوْمَ ٱلْكَٰفِرِينَ﴾[1].

في هذا المثالِ أيضاً ينبغي الوقف على آخر الآية؛ أي على كلمة (الكافرين).

لأنه لو وقفنا على كلمة (يهدي)، لتحوّل معنى الآية إلى معنى سلبيّ (والعياذُ بالله).

اللَّحن:

اللحنُ لغة: هو الخطأ والميلُ عن الصواب.

أمّا في علمِ التجويد، فينقسم إلى قسمين: لحنٌ جليٌّ، ولحنٌ خفيٌّ.

اللحن الجليّ: هو خطأ يطرأ على الكلماتِ القرآنيةِ فيغيّرُ مبنى الكلمة، وربّما غيّر معناها.

مثاله: تبديلُ الفتحةِ ضمّةً في كلمة (أنعَمتَ) في قوله تعالى ﴿صِرَٰطَ ٱلَّذِينَ أَنْعَمْتَ عَلَيْهِمْ﴾[2]، أو استبدالُ السين بالصاد في قوله تعالى ﴿عَسَىٰ رَبُّكُمْ﴾[3]...

اللحن الخفيّ: هو الخطأ المستترِ الذي يطرأ على اللفظِ، فيخلّ بعُرف القراءة، ولا يخلّ بالمعنى.

---

(1) سورة المائدة، الآية 67.

(2) سورة الفاتحة، الآية 7.

(3) سورة الأعراف، الآية 129.

وذلك كتقصير زمن المدّ في كلمة (السماء)، وعدم الإدغام في ﴿فِيهَا فَكِهَةٌ وَٱلنَّخْلُ ذَاتُ ٱلْأَكْمَامِ﴾[1].

ولكي تكون القراءةُ سليمةً، يجب أن تكون خاليةً من كلا اللحنَين.

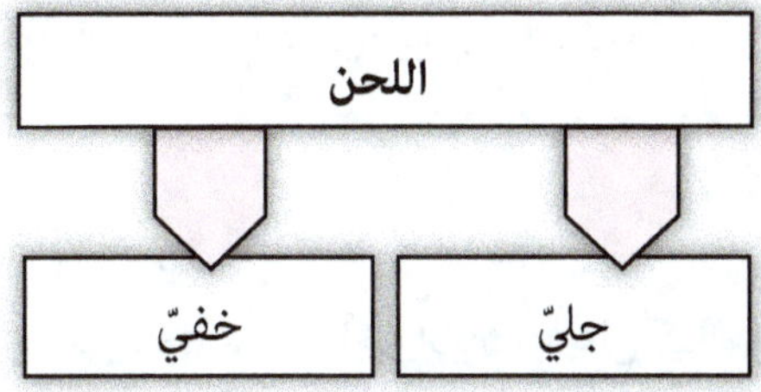

تمارين

تمارينٌ حولَ الوقفِ والابتداءِ والنطقِ السليمِ:

نقرأُ هذه الصفحةَ مع مراعاةِ محالِّ الوقفِ والابتداءِ، مع الالتفاتِ إلى إعطاءِ الحرفِ

حقَّهُ بالنطقِ السليمِ، وخاصّةً الحركاتِ الإعرابيَّة.

﴿أَلَا إِنَّ أَوْلِيَاءَ ٱللَّهِ لَا خَوْفٌ عَلَيْهِمْ وَلَا هُمْ يَحْزَنُونَ ۝ ٱلَّذِينَ ءَامَنُوا۟ وَكَانُوا۟ يَتَّقُونَ ۝ لَهُمُ ٱلْبُشْرَىٰ فِى ٱلْحَيَوٰةِ ٱلدُّنْيَا وَفِى ٱلْءَاخِرَةِ لَا تَبْدِيلَ لِكَلِمَٰتِ ٱللَّهِ ذَٰلِكَ هُوَ ٱلْفَوْزُ ٱلْعَظِيمُ ۝ وَلَا يَحْزُنكَ قَوْلُهُمْ إِنَّ ٱلْعِزَّةَ لِلَّهِ جَمِيعًا هُوَ ٱلسَّمِيعُ ٱلْعَلِيمُ ۝ أَلَا إِنَّ لِلَّهِ مَن فِى ٱلسَّمَٰوَٰتِ وَمَن فِى ٱلْأَرْضِ وَمَا يَتَّبِعُ ٱلَّذِينَ يَدْعُونَ مِن دُونِ ٱللَّهِ شُرَكَاءَ إِن يَتَّبِعُونَ إِلَّا ٱلظَّنَّ وَإِنْ هُمْ إِلَّا يَخْرُصُونَ ۝ هُوَ ٱلَّذِى جَعَلَ لَكُمُ ٱلَّيْلَ لِتَسْكُنُوا۟ فِيهِ وَٱلنَّهَارَ مُبْصِرًا إِنَّ فِى ذَٰلِكَ لَءَايَٰتٍ لِّقَوْمٍ يَسْمَعُونَ ۝ قَالُوا۟ ٱتَّخَذَ ٱللَّهُ وَلَدًا سُبْحَٰنَهُ هُوَ ٱلْغَنِىُّ لَهُ مَا فِى ٱلسَّمَٰوَٰتِ وَمَا فِى ٱلْأَرْضِ إِنْ عِندَكُم مِّن سُلْطَٰنٍ بِهَٰذَا أَتَقُولُونَ عَلَى ٱللَّهِ مَا لَا تَعْلَمُونَ ۝ قُلْ إِنَّ ٱلَّذِينَ يَفْتَرُونَ عَلَى ٱللَّهِ ٱلْكَذِبَ لَا يُفْلِحُونَ ۝ مَتَٰعٌ فِى ٱلدُّنْيَا ثُمَّ إِلَيْنَا مَرْجِعُهُمْ ثُمَّ نُذِيقُهُمُ ٱلْعَذَابَ ٱلشَّدِيدَ بِمَا كَانُوا۟ يَكْفُرُونَ﴾[1].

---

[1] سورة يونس، الآيات 62-70.

الحروفُ الشَّمسيّةُ، والحروفُ القَمَريّةُ

أهداف الدرس

على المتعلّم مع نهاية هذا الدرس أن:

1 . يحدّد على أيّ نوع من الكلمات تدخل «ال التعريف».

2 . يميّز الحروف القمرية من الحروف الشمسيّة.

3 . يطبّق حكمَي الإظهار القمريّ والإدغام الشمسيّ بطريقة صحيحة.

مقدّمة:

- تنقسم الكلمة إلى اسمٍ وفعلٍ وحرف.

- إحدى ميزات الاسم دخولُ «ال التعريف» عليه، فهي لا تدخل على الأفعال والحروف.

- تدخل «ال التعريف» على الاسم النكرة، فتفيده تعريفاً.

الكتاب   =   الـ   +   كتاب

(معرفة)   (نكرة)

ومتى دخلتْ على الاسم، فإما أن تُلفَظ اللامُ، وإما أن لا تُلفَظ. فمتى نلفظ اللام؟ ومتى لا نلفظها؟

الإظهار القمريّ:

تُلفَظ اللام إذا جاء بعدها أحدُ الحروفِ القمريةِ الأربعة عشر، وهي المجموعةُ في العبارةِ الآتية:

«إِبْغِ حَجَّكَ وخَفْ عقيمَهُ»

ويسمّى الحكم في هذه الحالة: الإظهار القمريّ

مثال: الْعِجْل، تلفظ: أَلْعِجْل

الإدغام الشمسيّ:

تُدغَم اللامُ بالحرف الذي بعدها (أي لا تُلفَظ) إذا جاء بعدها أحدُ الحروفِ الشمسيةِ الأربعة عشر، وهي الحروف التي تبتدئ بها كلمات هذا البيت:

طِـبْ ثُـمَّ صِـلْ رُحْـماً تَـفُـزْ ضِـفْ ذَا نِـعَـمْ

دَعْ سُـوءَ ظَـنٍّ زُرْ شَرِيـفـاً لِـلْـكَـرَمْ

ويسمَّى الحكم في هذه الحالة: الإدغام الشمسيّ.

مثال: النَّاس، تلفظ: أنّاس.

كيف يتمّ الإدغام؟

يتمّ الإدغام من خلال دمج اللام بالحرف الذي بعدها، بحيث يصيران حرفاً واحداً مشدَّداً كالثاني.

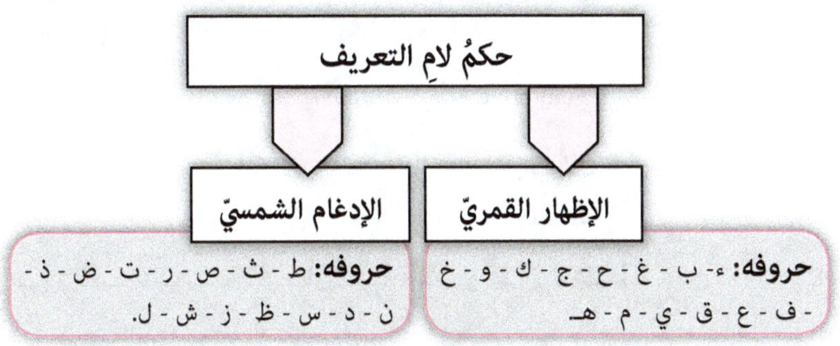

تمارين

1 - ميِّز بين الحروف الشمسية والحروف القمرية في الكلمات الآتية:
الثَّمَرَاتِ - النَّصَارَى - الْغَيْبِ - الْعَظِيمُ - الزَّكَاةِ - الْحَيَاةِ - الْجَنَّةِ - الضَّالِّينَ

2 - اقرأ الآيات الآتية مراعياً حكمَي الإظهار القمريّ والإدغام الشمسيّ.

﴿ٱلْمَالُ وَٱلْبَنُونَ زِينَةُ ٱلْحَيَوٰةِ ٱلدُّنْيَا ۖ وَٱلْبَٰقِيَٰتُ ٱلصَّٰلِحَٰتُ خَيْرٌ عِندَ رَبِّكَ ثَوَابًا وَخَيْرٌ أَمَلًا﴾[1].

﴿ٱلرَّحْمَٰنُ ۝ عَلَّمَ ٱلْقُرْءَانَ ۝ خَلَقَ ٱلْإِنسَٰنَ ۝ عَلَّمَهُ ٱلْبَيَانَ ۝ ٱلشَّمْسُ وَٱلْقَمَرُ بِحُسْبَانٍ ۝ وَٱلنَّجْمُ وَٱلشَّجَرُ يَسْجُدَانِ ۝ وَٱلسَّمَآءَ رَفَعَهَا وَوَضَعَ ٱلْمِيزَانَ﴾[2].

﴿ٱلْخَبِيثَٰتُ لِلْخَبِيثِينَ وَٱلْخَبِيثُونَ لِلْخَبِيثَٰتِ ۖ وَٱلطَّيِّبَٰتُ لِلطَّيِّبِينَ وَٱلطَّيِّبُونَ لِلطَّيِّبَٰتِ﴾[3].

---

(1) سورة الكهف، الآية 46.
(2) سورة الرحمن، الآيات 1-7.
(3) سورة النور، الآية 26.

الاستعاذةُ والبسملةُ، ومراتبُ التلاوةِ

أهداف الدرس

على المتعلّم مع نهاية هذا الدرس أن:

1 . يعرف صيغة الاستعاذة والبسملة، ويعرف حكمهما.

2 . يميّز بين أوجه الاستعاذة والبسملة.

3 . يعرف مراتب التلاوة، ويطبّقها بطريقة صحيحة.

مقدمة:

إذا أردنا قراءةَ آيات من القرآن الكريم، يُستحبُّ لنا أن نبدأ التلاوة بالاستعاذة، لقوله تعالى ﴿فَإِذَا قَرَأْتَ ٱلْقُرْءَانَ فَٱسْتَعِذْ بِٱللَّهِ مِنَ ٱلشَّيْطَٰنِ ٱلرَّجِيمِ﴾[1].

وصيغةُ الاستعاذة: أعوذُ باللهِ مِنَ الشيطانِ الرجيم.

أما بالنسبة إلى البسملة، فهناك تفصيل: فتارة نقرأ من بداية السورة، وهنا يجب قراءة البسملة، وأخرى نقرأ من وسطها، فهنا لا تجب قراءة البسملة، بل تُستحبّ.

وصيغةُ البسملة: بسمِ اللهِ الرحمنِ الرحيم

أوجهُ الاستعاذةِ والبسملةِ مع بدايةِ السُّوَرِ القرآنية

إذا أردنا أن نقرأ من بداية السور القرآنية (نأخذ سورة الناس على سبيل المثال)، فيجوز لنا أربعةُ أوجه، كلُّها مشروعةٌ:

الوجه الأول: قطعُ الجميع

وذلك بأن نقف على آخر الاستعاذة، ثم على آخر البسملة، ثم نقرأ من بداية السورة.

مثاله:

قُلْ أعوذُ بربِّ الناس	بسمِ اللهِ الرحمنِ الرحيمْ	أعوذُ باللهِ من الشيطانِ الرجيمْ

مع الالتفات إلى الوقف على كلمتي (الرجيم) و (الرحيم) بالسكون، لأنَّ العربَ إذا أرادوا الوقوفَ على كلمة متحرِّكة يقفون بالسكون.

---

(1) سورة النحل، الآية 98.

الوجه الثاني: وصلُ الجميع

وذلك بأن نَصِلَ الاستعاذةَ بالبسملة ببداية السورة.

مثاله:

أعوذُ باللهِ من الشيطانِ الرجيمِ	بسمِ اللهِ الرحمنِ الرحيمِ	قُلْ أعوذُ بربِّ الناس

مع الالتفات إلى إبقاء حركة كلمتي (الرجيم) و (الرحيم) كما هي (الكسرة).

الوجه الثالث: القطعُ ثم الوصل

وذلك بأن نقف على آخر الاستعاذة، ثم نقرأ البسملة ونصلها ببداية السورة.

مثاله:

أعوذُ باللهِ من الشيطانِ الرجيمْ	بسمِ اللهِ الرحمنِ الرحيمِ	قُلْ أعوذُ بربِّ الناس

مع الالتفات إلى الوقف على كلمة (الرجيم) بالسكون، وإبقاء الكسرة على كلمة (الرحيم).

الوجه الرابع: الوصلُ ثم القطع

وذلك بأن نصلَ الاستعاذة بالبسملة، ونقف على آخر البسملة، ثم نقرأ بداية السورة.

مثاله:

أعوذُ باللهِ من الشيطانِ الرجيمِ	بسمِ اللهِ الرحمنِ الرحيمْ	قُلْ أعوذُ بربِّ الناس

مع الالتفات إلى إبقاء الكسرة على كلمة (الرجيم)، والوقف على كلمة (الرحيم) بالسكون.

الاستعاذة	البسملة	السورة	الحكم
قطع	قطع		جائز
وصل	وصل		جائز
قطع	وصل		جائز
وصل	قطع		جائز

أحكامُ الاستعاذة والبسملة

أوجهُ البسملةِ بين السورتين:

إذا أردنا أن نختم سورة قرآنية معيَّنة ونصلَها بسورة أخرى (سواءٌ كانت بَعدَها مباشرةً أو لم تكن كذلك؛ أي سواء رُتِّبتا وفقَ ترتيب السورة القرآنية أو لم ترتَّبا)، فلا بدَّ من قراءة البسملة بين السورتين.

وفي هذه الحالة يوجد أربعةُ أوجهٍ: ثلاثةٌ منها جائزةٌ، ووجهٌ ممنوعٌ. نأخذ مثالاً على سورتَي الفلق والناس.

الوجه الأول: قطعُ الجميع

مثاله:

ومن شرِّ حاسدٍ إذا حسدْ	بسمِ اللهِ الرحمنِ الرحيمْ	قُلْ أعوذُ بربِّ الناس

مع الالتفات إلى الوقف على كلمتي (حسد) و (الرحيم) بالسكون.

الوجه الثاني: وصلُ الجميع

مثاله:

ومن شرِّ حاسدٍ إذا حسدَ	بسمِ اللهِ الرحمنِ الرحيمِ	قُلْ أعوذُ بربِّ الناس

مع الالتفات إلى إبقاء الفتحة على كلمة (حسد)، والكسرة على كلمة (الرحيم).

الوجه الثالث: القطعُ ثم الوصل

مثاله:

قُلْ أعوذُ بربِّ الناس	بسمِ اللهِ الرحمنِ الرحيمِ	ومن شرِّ حاسدٍ إذا حسدْ

مع الالتفات إلى الوقوف على كلمة (حسد) بالسكون، وإبقاء الكسرة على كلمة (الرحيم) وهذه الأوجه الثلاثة جائزة.

أما الوجهُ غيرُ الجائزِ فهو:

الوجه الرابع: الوصلُ ثم القطع

مثاله:

قُلْ أعوذُ بربِّ الناس	بسمِ اللهِ الرحمنِ الرحيمْ	ومن شرِّ حاسدٍ إذا حسدَ

مع إبقاء الفتحة على كلمة (حسد)، وتسكين آخر كلمة (الرحيم).

ووجهُ عدم الجوازِ هو أنَّ السامعَ قد يَتوهَّم أنَّ البسملةَ جزءٌ من آخر السورة الأولى، والحالُ أنَّ البسملة شُرِّعتْ لأوائل السور لا لأواخرِها.

الحكم	السورة اللاحقة	البسملة	السورة السابقة
		أحكام البسملة بين السورتين	
جائز	قطع	قطع	
جائز	وصل	وصل	
جائز	وصل	قطع	
غير جائز	قطع	وصل	

مراتبُ التّلاوة:

كما أنَّ العينَ البشريةَ تميّزُ بشكلٍ واضحٍ ثلاثَ مراتبَ من كلِّ لونٍ، فتميّز مثلاً بين الأزرقِ والأزرقِ الفاتحِ والأزرقِ الغامقِ، كذلك الأذنُ تستطيع أن تميّز بين ثلاثِ مراتبَ أو سرعاتٍ في القراءةِ. وهذه المراتبُ هي:

1. قراءةٌ بطيئةٌ، تُدعى **التحقيق**: (يُطلَقُ عليها التجويدُ)، وهي التي تُقرأُ في الأمسياتِ وافتتاح الندوات والمؤتمرات...

2. قراءةٌ متوسّطةٌ، تُدعى **التدوير**: وهي التي تُقرأ في الختميّاتِ، في شهرِ رمضانَ، أو في الختميّاتِ المسجديّةِ وختميّاتِ الشهداءِ...

3. قراءة سريعة، تُدعى **التحدير أو الحدر**: وهي التي تُقرأ بطريقة أسرع من المرتبتين السابقتين. وعادة يَقرأ بها الحفّاظُ في تثبيتِ محفوظاتهم. ويَعُمُّ الثلاثةَ مصطلحُ **الترتيل**.

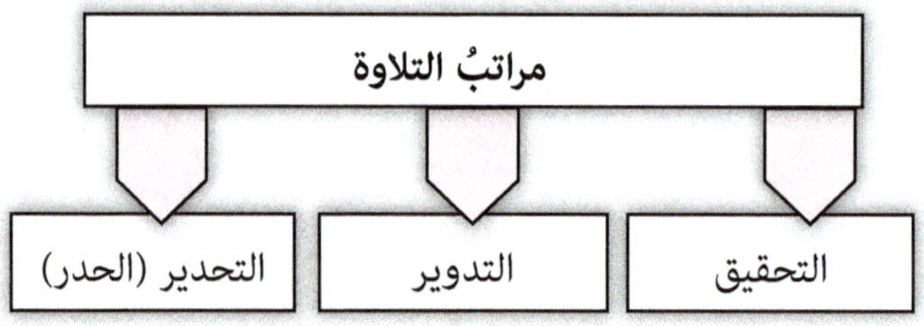

تمارين

تمرين على أوجه الاستعاذة والبسملة مع بداية السور القرآنية:

نقرأ بداية سورة النبأ بالأوجه الأربعة:

﴿عَمَّ يَتَسَآءَلُونَ ۝ عَنِ ٱلنَّبَإِ ٱلْعَظِيمِ ۝ ٱلَّذِى هُمْ فِيهِ مُخْتَلِفُونَ ۝ كَلَّا سَيَعْلَمُونَ ۝ ثُمَّ كَلَّا سَيَعْلَمُونَ﴾[1].

تمرين على أوجه البسملة بين السورتين:

نقرأ سورتي العصر والهمزة بالأوجه الثلاثة الجائزة:

﴿وَٱلْعَصْرِ ۝ إِنَّ ٱلْإِنسَٰنَ لَفِى خُسْرٍ ۝ إِلَّا ٱلَّذِينَ ءَامَنُوا۟ وَعَمِلُوا۟ ٱلصَّٰلِحَٰتِ وَتَوَاصَوْا۟ بِٱلْحَقِّ وَتَوَاصَوْا۟ بِٱلصَّبْرِ﴾[2].

﴿وَيْلٌ لِّكُلِّ هُمَزَةٍ لُّمَزَةٍ ۝ ٱلَّذِى جَمَعَ مَالًا وَعَدَّدَهُ ۝ يَحْسَبُ أَنَّ مَالَهُ أَخْلَدَهُ ۝ كَلَّا لَيُنۢبَذَنَّ فِى ٱلْحُطَمَةِ ۝ وَمَآ أَدْرَىٰكَ مَا ٱلْحُطَمَةُ ۝ نَارُ ٱللَّهِ ٱلْمُوقَدَةُ ۝ ٱلَّتِى تَطَّلِعُ عَلَى ٱلْأَفْـِٔدَةِ ۝ إِنَّهَا عَلَيْهِم مُّؤْصَدَةٌ ۝ فِى عَمَدٍ مُّمَدَّدَةٍ﴾[3].

---

(1) سورة النبأ، الآيات 1-5.

(2) سورة العصر، الآيات 1-3.

(3) سورة الهمزة، الآيات 1-9.

أزمنةُ الحروفِ المتحرِّكةِ

أهداف الدرس

على المتعلّم مع نهاية هذا الدرس أن:

1. يعرف أزمنةَ الحروفِ المتحرِّكة، وأزمنةَ أحرف المدّ.

2. يعرف معنى التمطيط، ويدرك أهمية اجتنابه في تلاوة القرآن الكريم.

3. يعرف معنى الاختلاس، ويدرك أهمية اجتنابه في تلاوة القرآن الكريم.

أزمنةُ الحروفِ المتحرِّكةِ:

إنّ أزمنة الحروف المتحركة متساوية ضمن المرتبة الواحدة من مراتب التلاوة الثلاث. وهذا يعني أنّ زمن الحرف المضموم يساوي زمن الحرف المكسور يساوي زمن الحرف المفتوح يساوي **حركة واحدة**.

والحركة هي وِحدة زمنية صوتية تقاس بها المدودُ، تقدَّر بمقدار قبض الإِصْبَع أو بسطه بالسرعة الطبيعية.

مثال: كُتِبَ.

زمن نطق كُ = زمن نطق تِ = زمن نطق بَ = حركة واحدة.

- أيّ زيادة في زمن نطق أحد الحروف المتحرِّكة يمكن أن تبدِّل الكلمة إلى كلمة أخرى. مثال: لو أخذنا كلمة (يَعِظُكُم) الدالة على المفرد.

القراءة الصحيحة: زمن نطق يَ = زمن نطق عِ = زمن نطق ظُ = زمن نطق كُ = حركة واحدة.

فإذا زدنا زمنَ نطق (ظُ) أكثر من حركة، سيتولّد واوٌ مدِّيّة، وستصبح الكلمة هكذا (يَعِظُوكُم)، وهي دالة على الجمع.

وكثيراً ما نسمع بعضَ المصلّين يقرأ في سورة الفاتحة هكذا (إيّاكا نعبُدوا وإياكا نستاعين)، وهذه القراءة مبطلة للصلاة، فيجب الالتفات إليها وتصحيحها، والالتزام بالمقدار الصحيح لأزمنة الحروف المتحرّكة.

أزمنة أحرف المدّ:

أحرف المدّ الثلاثة هي: الألفُ الساكنةُ المفتوحُ ما قبلها (ـَ أْ)، والواوُ الساكنة المضمومُ ما قبلها (ـُ وْ)، والياءُ الساكنةُ المكسورُ ما قبلها (ـِ يْ). وقد جُمعتْ في قوله تعالى (نُوْحِيْهَأْ).

زمن نطق نو = زمن نطق حي = زمن نطق ها = حركتين.

- أيّ نقصان في زمن نطق أحد أحرف المدّ يمكن أن يبدِّل الكلمة إلى كلمة أخرى.

مثال: لو أخذنا كلمة (قَألَأْ) الدالة على المثنّى.

القراءة الصحيحة: زمن نطق قَأ = زمن نطق لَأْ = حركتين.

فإذا أنقصنا زمنَ نطق (لَأْ) أقلّ من حركتين، ستصبح الكلمة هكذا (قَألَ)، وهي دالة على المفرد. وهذا لحنٌ في قراءة القرآن الكريم يجب اجتنابه.

أخطاء زمنية قد تقع عند أداء الحروف المتحرّكة وأحرفِ المدّ:

1 -التمطيط: وهو تطويلُ زمنِ حرفٍ متحرّكٍ أكثرَ من حركة، بحيث يتولّد منه حرفُ مدّ.

مثاله: ﴿رَبِّ ٱبْنِ لِى عِندَكَ بَيْتًا فِى ٱلْجَنَّةِ﴾[1].

إذا أطلنا زمن الحرف (نِ) من كلمة (ابنِ)، سيتولّد ياءٌ مدِّيّة، وستصبح الكلمة (ابني)؛ أي ولدي، وبالتالي سيتغيّر معنى الآية.

2 -الاختلاس: وهو تقصيرُ زمنِ حرفِ المدّ أقلَّ من حركتين، بحيث ينقلبُ من واوٍ مدية إلى ضمة، أو من ياء مدية إلى كسرة، أو من ألفٍ مدية إلى فتحة.

مثاله: ﴿إِذْ أَوْحَيْنَآ إِلَىٰٓ أُمِّكَ مَا يُوحَىٰٓ﴾[2].

فإذا قصّرنا زمن حرف المدّ (الألف) من كلمة (أوحينا) الدالة على جماعة المتكلمين، ستتحوّل الألف إلى فتحة، وستصبح الكلمة (أوحينَ) الدالة على جمع النسوة.

---

(1) سورة التحريم، الآية 11.

(2) سورة طه، الآية 38.

تمارين

تمارينُ على أزمنة الحروفِ المتحرِّكة وعلى أزمنة أحرف المدِّ:

نقرأُ هذه الصفحةَ مع مراعاةِ أزمنةِ الحروفِ المتحرِّكة، وكذلك أزمنة أحرفِ المدّ.

﴿وَأَنَا ٱخۡتَرۡتُكَ فَٱسۡتَمِعۡ لِمَا يُوحَىٰ ۝ إِنَّنِيٓ أَنَا ٱللَّهُ لَآ إِلَٰهَ إِلَّآ أَنَا۠ فَٱعۡبُدۡنِي وَأَقِمِ ٱلصَّلَوٰةَ لِذِكۡرِيٓ ۝ إِنَّ ٱلسَّاعَةَ ءَاتِيَةٌ أَكَادُ أُخۡفِيهَا لِتُجۡزَىٰ كُلُّ نَفۡسٍۭ بِمَا تَسۡعَىٰ ۝ فَلَا يَصُدَّنَّكَ عَنۡهَا مَن لَّا يُؤۡمِنُ بِهَا وَٱتَّبَعَ هَوَىٰهُ فَتَرۡدَىٰ ۝ وَمَا تِلۡكَ بِيَمِينِكَ يَٰمُوسَىٰ ۝ قَالَ هِيَ عَصَايَ أَتَوَكَّؤُاْ عَلَيۡهَا وَأَهُشُّ بِهَا عَلَىٰ غَنَمِي وَلِيَ فِيهَا مَـَٔارِبُ أُخۡرَىٰ ۝ قَالَ أَلۡقِهَا يَٰمُوسَىٰ ۝ فَأَلۡقَىٰهَا فَإِذَا هِيَ حَيَّةٌ تَسۡعَىٰ ۝ قَالَ خُذۡهَا وَلَا تَخَفۡۖ سَنُعِيدُهَا سِيرَتَهَا ٱلۡأُولَىٰ ۝ وَٱضۡمُمۡ يَدَكَ إِلَىٰ جَنَاحِكَ تَخۡرُجۡ بَيۡضَآءَ مِنۡ غَيۡرِ سُوٓءٍ ءَايَةً أُخۡرَىٰ ۝ لِنُرِيَكَ مِنۡ ءَايَٰتِنَا ٱلۡكُبۡرَى ۝ ٱذۡهَبۡ إِلَىٰ فِرۡعَوۡنَ إِنَّهُۥ طَغَىٰ ۝ قَالَ رَبِّ ٱشۡرَحۡ لِي صَدۡرِي ۝ وَيَسِّرۡ لِيٓ أَمۡرِي ۝ وَٱحۡلُلۡ عُقۡدَةً مِّن لِّسَانِي ۝ يَفۡقَهُواْ قَوۡلِي ۝ وَٱجۡعَل لِّي وَزِيرًا مِّنۡ أَهۡلِي ۝ هَٰرُونَ أَخِي ۝ ٱشۡدُدۡ بِهِۦٓ أَزۡرِي ۝ وَأَشۡرِكۡهُ فِيٓ أَمۡرِي ۝ كَيۡ نُسَبِّحَكَ كَثِيرًا ۝ وَنَذۡكُرَكَ كَثِيرًا ۝ إِنَّكَ كُنتَ بِنَا بَصِيرًا ۝ قَالَ قَدۡ أُوتِيتَ سُؤۡلَكَ يَٰمُوسَىٰ ۝ وَلَقَدۡ مَنَنَّا عَلَيۡكَ مَرَّةً أُخۡرَىٰٓ ۝﴾ (1).

---

(1) سورة طه، الآيات 13-37.

مخارجُ الحروف

أهداف الدرس

على المتعلّم مع نهاية هذا الدرس أن:

1. يتعرّف إلى مخارج الحروف العامة.

2. يعرف عدد المخارج الفرعيّة في كلّ مخرج عامّ.

3. يتعرّف إلى كيفية معرفة مخرج الحرف.

مقدمة:

في اللغةِ العربيةِ تسعةٌ وعشرونَ حرفاً، هي الحروف الأبجدية الـ 28 مع إضافة الألف المدّية (آ). وكلُّ حرفٍ لهُ مخرجٌ محدَّدٌ، فلا بدَّ مِنْ ضبطِ مخرجِ الحرفِ لتكونَ الكلمةُ فصيحةً في النطقِ وصحيحةَ المعنى.

مخارجُ الحروفِ:

يبلغُ عددُ مخارجِ الحروفِ سبعةَ عشرَ مخرجاً، موزَّعةً على خمسةِ مواضعَ في جهازِ النطقِ، هي:

1 -**الجوف:** وفيه مخرجٌ فرعيٌّ واحدٌ، يخرج منه أحرف المدّ الثلاثة، وهي: الألف الساكنة المفتوح ما قبلها، والواو الساكنة المضموم ما قبلها، والياء الساكنة المكسور ما قبلها.

2 -**الحلق:** وفيه ثلاثةُ مخارجَ فرعيّة، ومنه تخرج الأحرف (ء - هـ - ع - ح - غ - خ).

3 -**اللسان:** وفيه عشــرةُ مخارجَ فرعيّة، يخرج منها 18 حرفاً، هي: (ق - ك - ج - ش - ي - ض - ل - ن - ر - ط - د - ت - ص - س - ز - ظ - ذ - ث).

4 -**الشفتان:** وفيهما مخرجان فرعيان، يخرج منهما الأحرف (ف - و - ب - م).

5 - **الخيشوم (التجويف الأنفيّ):** يخرج منه صوتُ الغنّة[1] في النون والميم.

---

(1) سيأتي تعريف الغنّة في درس (أحكام النون الساكنة والتنوين).

مخارج الحروف				
الخيشوم	اللسان	الشفتان	الحلق	الجوف
مخرجٌ واحدٌ	عشرةُ مخارج	مخرجان	ثلاثةُ مخارج	مخرجٌ واحدٌ
صوتُ الغنَّة للنون والميم	باقي الحروف	ف و ب م	ء ه ع ح غ خ	ا و ي

كيفية معرفة مخرج الحرف:

إذا أردنا أن نعرف مخرج الحرف، فعلينا أن نسكّنه ونُدْخِلَ عليه الهمزةَ المكسورةَ، ثمّ نلفظه، فحيث ينقطعُ الصوتُ يكون مخرجُ الحرف.

مثال: لو أردنا أن نعرف مخرج الميم مثلاً، نسكّنُه وندخلُ عليه الهمزة المكسورة، ونقول (إمْ)، فنجد أنّ الصوتَ ينقطعُ عند الشفتين، وبالتالي يمكننا أن نقول إنَّ مخرج الميم هو الشفتان.

وهكذا مع بقية الحروف.

تطبيقات

﴿تَبَٰرَكَ ٱلَّذِى بِيَدِهِ ٱلْمُلْكُ﴾ (1)

﴿إِنَّكَ لَمِنَ ٱلْمُرْسَلِينَ﴾ (2)

	تَبَٰرَكَ	ٱلَّذِى	بِيَدِهِ	ٱلْمُلْكُ	إِنَّكَ	لَمِنَ	ٱلْمُرْسَلِينَ
أحرف الجوف	ا	ي					ي
أحرف الحلق			هـ		إ		
حروف اللسان	ت - ر - ك	ل - ذ	ي - د	ل - م - ك	ن - ك	ل - م - ن	ل - م - ر - س - ل - ن
أحرف الشفتين	ب		ب				
أحرف الخيشوم				م	ن	م - ن	م - ن

---

(1) سورة الملك، الآية 1.

(2) سورة يس، الآية 3.

صورة تبيّن مخارج الحروف العامة:

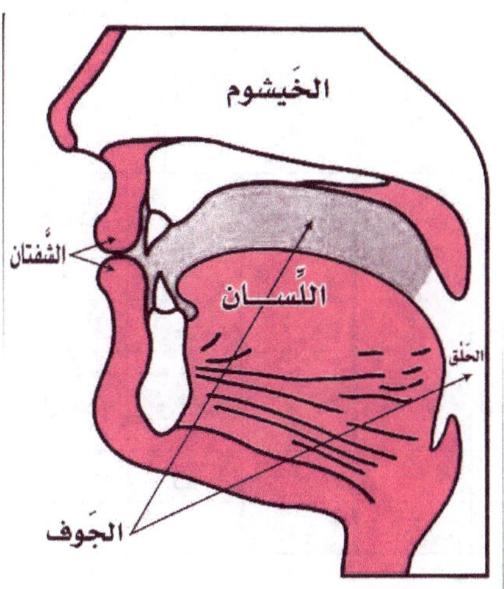

صورة تبيّن مخارج الحروف الفرعية:

أماكن الحروف في الفم

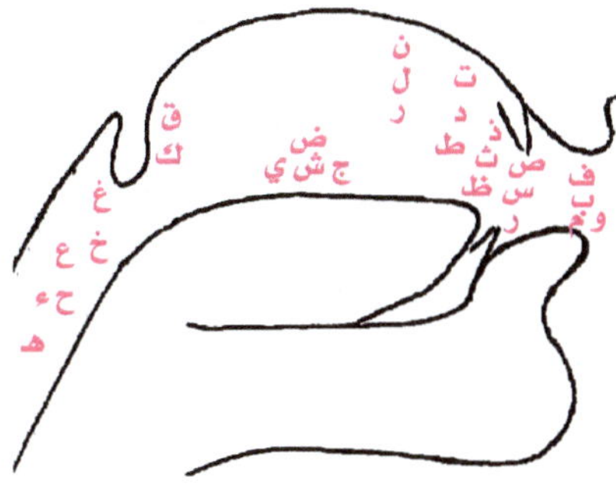

تمارين

تمارينٌ على مخارج الحروف:

1 - نقرأُ هذه الصفحةَ مع الانتباه إلى إخراجِ كلِّ حرفٍ من مخرجِهِ الصحيح.

﴿وَلَمَّا جَآءَتْ رُسُلُنَآ إِبْرَٰهِيمَ بِٱلْبُشْرَىٰ قَالُوٓاْ إِنَّا مُهْلِكُوٓاْ أَهْلِ هَٰذِهِ ٱلْقَرْيَةِ إِنَّ أَهْلَهَا كَانُواْ ظَٰلِمِينَ ۝ قَالَ إِنَّ فِيهَا لُوطًا قَالُواْ نَحْنُ أَعْلَمُ بِمَن فِيهَاۖ لَنُنَجِّيَنَّهُ وَأَهْلَهُۥ إِلَّا ٱمْرَأَتَهُۥ كَانَتْ مِنَ ٱلْغَٰبِرِينَ ۝ وَلَمَّآ أَن جَآءَتْ رُسُلُنَا لُوطًا سِيٓءَ بِهِمْ وَضَاقَ بِهِمْ ذَرْعًاۖ وَقَالُواْ لَا تَخَفْ وَلَا تَحْزَنْ إِنَّا مُنَجُّوكَ وَأَهْلَكَ إِلَّا ٱمْرَأَتَكَ كَانَتْ مِنَ ٱلْغَٰبِرِينَ ۝ إِنَّا مُنزِلُونَ عَلَىٰٓ أَهْلِ هَٰذِهِ ٱلْقَرْيَةِ رِجْزًا مِّنَ ٱلسَّمَآءِ بِمَا كَانُواْ يَفْسُقُونَ ۝ وَلَقَد تَّرَكْنَا مِنْهَآ ءَايَةَۢ بَيِّنَةٗ لِّقَوْمٖ يَعْقِلُونَ ۝ وَإِلَىٰ مَدْيَنَ أَخَاهُمْ شُعَيْبًا فَقَالَ يَٰقَوْمِ ٱعْبُدُواْ ٱللَّهَ وَٱرْجُواْ ٱلْيَوْمَ ٱلْآخِرَ وَلَا تَعْثَوْاْ فِي ٱلْأَرْضِ مُفْسِدِينَ ۝ فَكَذَّبُوهُ فَأَخَذَتْهُمُ ٱلرَّجْفَةُ فَأَصْبَحُواْ فِي دَارِهِمْ جَٰثِمِينَ ۝ وَعَادًا وَثَمُودَاْ وَقَد تَّبَيَّنَ لَكُم مِّن مَّسَٰكِنِهِمْۖ وَزَيَّنَ لَهُمُ ٱلشَّيْطَٰنُ أَعْمَٰلَهُمْ فَصَدَّهُمْ عَنِ ٱلسَّبِيلِ وَكَانُواْ مُسْتَبْصِرِينَ ۝﴾[1].

2 - ضع الحروف الآتية في مخارجها الصحيحة:

ر - ء - ع - ق - م - ح - ن - ف - ك - ج - غ - ب

	الحلق:
	اللسان:
	الشفتان:
	الخيشوم:

---

(1) سورة العنكبوت، الآيات 31-38.

3 -أكمِل الجدولَ الآتي:

عدد الحروف	عدد المخارج الفرعية	المخارج العامة	
			.1
			.2
			.3
			.4
			.5

صفاتُ الحروفِ

أهداف الدرس

على المتعلّم مع نهاية هذا الدرس أن:

1. يعرف معنى الصفة، ويدرك أهمّيّتها، ويعرف عددَ صفات الحروف.

2. يميِّز بين الصفاتِ ذواتِ الأضداد وبين غيرِ ذواتِ الأضداد.

3. يعرف معنى الاستعلاء والاستفال، ويميِّز بين الحروف المستعلية والحروف المستفلة.

تعريفُ الصِّفة، وعددُ صفاتِ الحروف:

الصفةُ: هي كيفيّةٌ تُرافِقُ الحرفَ وتميِّزُهُ عن غيره. فالذي يميِّز الصاد عن السين مثلاً هو صفةُ الاستعلاء، إذ لولا الاستعلاءُ في الصاد لصارت سيناً.

يبلغُ عددُ الصفاتِ سبعَ عشرةَ صفةً، مقسَّمةً إلى قسمينِ: صفاتٌ لها ضدٌّ، وصفاتٌ لا ضدَّ لها.

ونحنُ بدورنا سوفَ نذكرُها بإيجاز، ونأخذُ أهمَّ صفةٍ مِنْ ذواتِ الأضدادِ، وأهمَّ صفةٍ مِنْ غيرِ ذواتِ الأضدادِ.

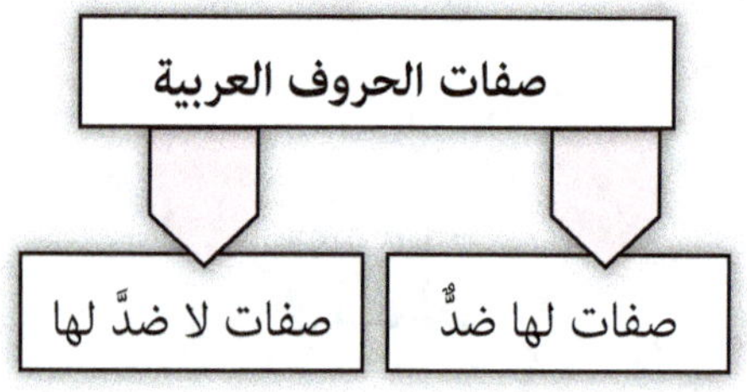

الصفات التي لها ضدّ
الهمس # الجهر
الرخاوة # الشِّدّة
الاستفال # الاستعلاء
الانفتاح # الإطباق
الإصمات # الإذلاق

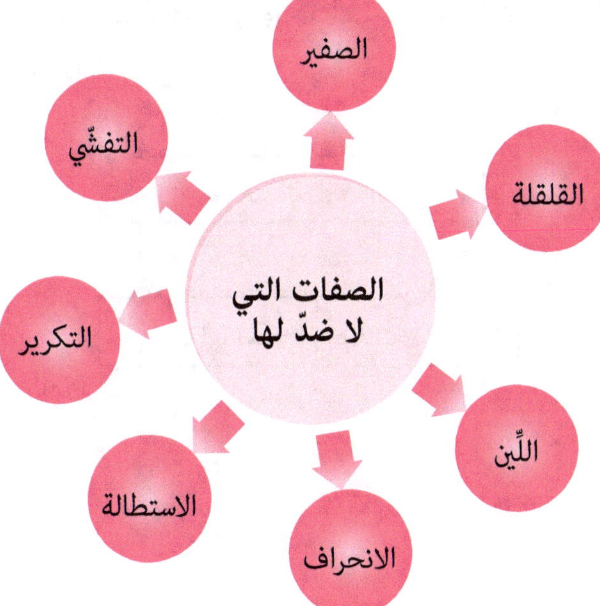

الصفير
القلقلة
التفشّي
الصفات التي لا ضدّ لها
اللِّين
التكرير
الاستطالة
الانحراف

من الصفاتِ التي لها ضدٌّ:

الاستعلاءُ، وضدُّهُ الاستفالُ

يُقصدُ بالاستعلاءِ تفخيمُ الحرفِ. وضدُّهُ الاستفالُ؛ أيْ ترقيقُ الحرفِ.

فنقولُ: إنَّ جميعَ الحروفِ مرقَّقةٌ، ما عدا أحرفَ التفخيمِ السبعةَ، المجموعةَ في لفظِ:

«خُصَّ ضَغْطٍ قِظْ»

فدائماً نفخِّمُ هذه الأحرفَ كيفما أتَتْ في الكلمةِ، إلّا إذا كانت مكسورةً، فإنَّهُ يقلُّ تفخيمُها.

```
                      أحرف التفخيم
    ظ     ق     ط     غ     ض     ص     خ
```

- أمثلةٌ حولَ أحرفِ التفخيمِ:

﴿ٱللَّهُ خَٰلِقُ كُلِّ شَىْءٍۖ وَهُوَ عَلَىٰ كُلِّ شَىْءٍ وَكِيلٌ﴾ [1].

﴿قَالَ ٱلَّذِينَ غَلَبُواْ عَلَىٰٓ أَمْرِهِمْ لَنَتَّخِذَنَّ عَلَيْهِم مَّسْجِدًا﴾ [2].

فإذا أتَتْ مكسورةً، يقلُّ تفخيمُهَا:

﴿وَإِنْ خِفْتُمْ عَيْلَةً فَسَوْفَ يُغْنِيكُمُ ٱللَّهُ مِن فَضْلِهِۦ إِن شَآءَ....﴾ [3].

﴿وَغِيضَ ٱلْمَآءُ وَقُضِيَ ٱلْأَمْرُ وَٱسْتَوَتْ عَلَى ٱلْجُودِيِّ...﴾ [4].

﴿قِيلَ ٱدْخُلِ ٱلْجَنَّةَۖ قَالَ يَٰلَيْتَ قَوْمِى يَعْلَمُونَ﴾ [5].

- أمثلةٌ حولَ حروفِ الترقيقِ:

﴿إِنَّمَا ٱلْمُؤْمِنُونَ ٱلَّذِينَ ءَامَنُواْ بِٱللَّهِ وَرَسُولِهِۦ وَإِذَا كَانُواْ مَعَهُۥ عَلَىٰٓ أَمْرٍ جَامِعٍ لَّمْ يَذْهَبُواْ حَتَّىٰ يَسْتَـْٔذِنُوهُ﴾ [6].

---

(1) سورة الزمر، الآية 62.

(2) سورة الكهف، الآية 21.

(3) سورة التوبة، الآية 28.

(4) سورة هود، الآية 44.

(5) سورة يس، الآية 26.

(6) سورة النور، الآية 62.

تطبيقات

﴿وَإِذْ قَالَتِ ٱلْمَلَـٰئِكَةُ يَـٰمَرْيَمُ إِنَّ ٱللَّهَ ٱصْطَفَىٰكِ وَطَهَّرَكِ وَٱصْطَفَىٰكِ عَلَىٰ نِسَآءِ ٱلْعَـٰلَمِينَ ۝ يَـٰمَرْيَمُ ٱقْنُتِي لِرَبِّكِ وَٱسْجُدِى وَٱرْكَعِى مَعَ ٱلرَّٰكِعِينَ ۝ ذَٰلِكَ مِنْ أَنۢبَآءِ ٱلْغَيْبِ نُوحِيهِ إِلَيْكَ وَمَا كُنتَ لَدَيْهِمْ إِذْ يُلْقُونَ أَقْلَـٰمَهُمْ أَيُّهُمْ يَكْفُلُ مَرْيَمَ وَمَا كُنتَ لَدَيْهِمْ إِذْ يَخْتَصِمُونَ ۝﴾ [1].

	الحُكم	الكلمة
ترقيق	تفخيم	
ل - ت	ق	قَالَتِ
م - ي	ر [2]	مَرْيَمُ
ف - ا - ك	ص - ط	ٱصْطَفَىٰكِ
هـ - ك	ط - ر	طَهَّرَكِ
ن - ت - ي	ق	ٱقْنُتِي
ل - ب - ك	ر	لِرَبِّكِ
و- ك - ع - ي - ن	ر	وَٱرْكَعِى
ي - ب	غ	ٱلْغَيْبِ
ي - ل - و - أ - م - هـ	ق	يُلْقُونَ / أَقْلَـٰمَهُمْ
ي - ت - م - و - ن	خ - ص	يَخْتَصِمُونَ

---

(1) سورة آل عمران، الآيات 42-44.

(2) سيأتي في درس أحكام حرف الراء أنها تفخَّم في بعض الموارد.

57

تمارين

تمارين حول أحرف التفخيم وحروف الترقيق:

1 - نقرأ هذه الصفحة مع تطبيق صفتي التفخيم والترقيق، على أن نلتفت إلى تقليل تفخيم حروف الاستعلاء إذا أتت مكسورة.

﴿وَلَقَدْ جَعَلْنَا فِي ٱلسَّمَاءِ بُرُوجًا وَزَيَّنَّاهَا لِلنَّاظِرِينَ ۝ وَحَفِظْنَاهَا مِن كُلِّ شَيْطَانٍ رَّجِيمٍ ۝ إِلَّا مَنِ ٱسْتَرَقَ ٱلسَّمْعَ فَأَتْبَعَهُ شِهَابٌ مُّبِينٌ ۝ وَٱلْأَرْضَ مَدَدْنَاهَا وَأَلْقَيْنَا فِيهَا رَوَاسِيَ وَأَنبَتْنَا فِيهَا مِن كُلِّ شَيْءٍ مَّوْزُونٍ ۝ وَجَعَلْنَا لَكُمْ فِيهَا مَعَايِشَ وَمَن لَّسْتُمْ لَهُ بِرَازِقِينَ ۝ وَإِن مِّن شَيْءٍ إِلَّا عِندَنَا خَزَائِنُهُ وَمَا نُنَزِّلُهُ إِلَّا بِقَدَرٍ مَّعْلُومٍ ۝ وَأَرْسَلْنَا ٱلرِّيَاحَ لَوَاقِحَ فَأَنزَلْنَا مِنَ ٱلسَّمَاءِ مَاءً فَأَسْقَيْنَاكُمُوهُ وَمَا أَنتُمْ لَهُ بِخَازِنِينَ ۝ وَإِنَّا لَنَحْنُ نُحْيِـ وَنُمِيتُ وَنَحْنُ ٱلْوَارِثُونَ ۝ وَلَقَدْ عَلِمْنَا ٱلْمُسْتَقْدِمِينَ مِنكُمْ وَلَقَدْ عَلِمْنَا ٱلْمُسْتَأْخِرِينَ ۝ وَإِنَّ رَبَّكَ هُوَ يَحْشُرُهُمْ إِنَّهُ حَكِيمٌ عَلِيمٌ ۝ وَلَقَدْ خَلَقْنَا ٱلْإِنسَانَ مِن صَلْصَالٍ مِّنْ حَمَإٍ مَّسْنُونٍ ۝ وَٱلْجَانَّ خَلَقْنَاهُ مِن قَبْلُ مِن نَّارِ ٱلسَّمُومِ ۝ وَإِذْ قَالَ رَبُّكَ لِلْمَلَائِكَةِ إِنِّي خَالِقٌ بَشَرًا مِّن صَلْصَالٍ مِّنْ حَمَإٍ مَّسْنُونٍ ۝ فَإِذَا سَوَّيْتُهُ وَنَفَخْتُ فِيهِ مِن رُّوحِي فَقَعُوا لَهُ سَاجِدِينَ ۝ فَسَجَدَ ٱلْمَلَائِكَةُ كُلُّهُمْ أَجْمَعُونَ ۝ إِلَّا إِبْلِيسَ أَبَىٰ أَن يَكُونَ مَعَ ٱلسَّاجِدِينَ ۝﴾[1].

2 - ما عدد صفات الحروف؟ وعدّد الصفات التي ليس لها ضد.

....

....

....

---

[1] سورة الحجر، الآيات 16-31.

3- أُربط كلَّ صفةٍ بضدِّها:

رخاوة •		• استعلاء
إذلاق •		• همس
استفال •		• شدة
جهر •		• إطباق
انفتاح •		• إصمات

صفةُ القَلْقَلَة

أهداف الدرس

على المتعلّم مع نهاية هذا الدرس أن:

1. يعرفَ معنى القلقلة، ويعرفَ شرطَها.
2. يعرفَ أحرفَ القلقلة، ويعرفَ قسميها.
3. يتعرَّف إلى كيفية أداء هذه الصفة.

مقدمة:

تعتبرُ صفةُ القلقلةِ مِنْ أهمِّ الصفاتِ التي لا ينبغي إهمالُ رعايتها في قراءة القرآن الكريم.

ما هي القلقلةُ؟

القلقلةُ تعني الاضطرابَ والاهتزازَ؛ أيْ أنَّ مخرجَ الحرفِ المقلقَلِ يكونُ مضطرباً عند النطقِ بِهِ حتى يُسمعَ لهُ نبرةٌ قويّة. وشرطُ القلقلةِ أنْ يكونَ الحرفُ ساكناً.

ما هي أحرفُ القلقلةِ؟

أحرفُ القلقلةِ خمسةٌ، مجموعةٌ في لفظِ:

قُطْبُ جَدٍّ

فإذا أتى أحدُ هذه الأحرفِ ساكناً، نطبّقُ عليه صفةَ القلقلةِ.

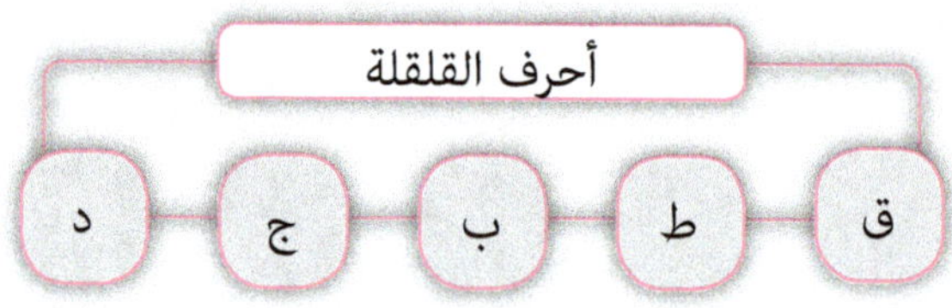

كيفيَّةُ أدائها:

يتمُّ أداءُ هذه الصفةِ عبر اهتزازِ مخرجِ الحرفِ، بحيث يُسمَع له نبرةٌ مميَّزة.

ملحوظة:

القلقلةُ في الحرفِ الساكنِ صوتٌ مستقلٌّ، ليسَ بالفتحةِ ولا بالضمّةِ ولا بالكسرةِ، ولا

يتأثَّرُ بالحركةِ التي قبلَه.

وهذه الأحوالُ الثلاثةُ مجموعةٌ في الآيةِ الكريمةِ: ﴿فِي مَقْعَدِ صِدْقٍ عِندَ مَلِيكٍ مُّقْتَدِرٍ﴾[1].

أقسامُ القلقلةِ:

تنقسم القلقلة إلى قسمين:

1 - قلقلةٌ صغرى:

وذلك إذا كان حرفُ القلقلةِ ساكناً في وسطِ الكلمةِ أو الكلام، نحو:

وسط الكلام	وسط الكلمة	الحرف
﴿إِن يَسْرِقْ فَقَدْ سَرَقَ أَخٌ لَهُ﴾	﴿ٱقْتَرَبَتِ ٱلسَّاعَةُ وَٱنشَقَّ ٱلْقَمَرُ﴾	ق
﴿وَكَيْفَ تَصْبِرُ عَلَىٰ مَا لَمْ تُحِطْ بِهِۦ خُبْرًا﴾	﴿ٱلَّذِينَ ءَامَنُوا۟ وَتَطْمَئِنُّ قُلُوبُهُم بِذِكْرِ ٱللَّهِ﴾	ط
﴿فَهَبْ لِي مِن لَّدُنكَ وَلِيًّا﴾	﴿وَٱذْكُرْ فِي ٱلْكِتَٰبِ إِبْرَٰهِيمَ إِنَّهُ كَانَ صِدِّيقًا نَّبِيًّا﴾	ب
﴿قَالَ لَوْ شِئْتَ لَتَخَذْتَ عَلَيْهِ أَجْرًا﴾	﴿فَٱخْرُجْ إِنِّي لَكَ مِنَ ٱلنَّٰصِحِينَ﴾	ج
﴿وَإِنْ أَدْرِى لَعَلَّهُۥ فِتْنَةٌ لَّكُمْ وَمَتَٰعٌ إِلَىٰ حِينٍ﴾	﴿وَقَدْ قَدَّمْتُ إِلَيْكُم بِٱلْوَعِيدِ﴾	د

الموضع

---

2 ـ قلقلةٌ كـبـرى:

وذلك عند الوقف على الحرفِ المُقَلْقَلِ، نحو:

حرف ق: ﴿قَالُوٓاْ ٱلۡـَٰٔنَ جِئۡتَ بِٱلۡحَقِّ﴾[1].

حرف ط: ﴿إِنَّ ٱللَّهَ بِمَا يَعۡمَلُونَ مُحِيطٌ﴾[2].

حرف ب: ﴿فَصَبَّ عَلَيۡهِمۡ رَبُّكَ سَوۡطَ عَذَابٍ﴾[3].

حرف ج: ﴿فَلَا رَفَثَ وَلَا فُسُوقَ وَلَا جِدَالَ فِي ٱلۡحَجِّ﴾[4].

حرف د: ﴿قُتِلَ أَصۡحَٰبُ ٱلۡأُخۡدُودِ﴾[5].

ملحوظة: إذا وصلنا هذه الكلمات بالكلمات التي بعدها، تذهب صفة القلقلة منها، لأنها حينئذٍ تصبح محرَّكة.

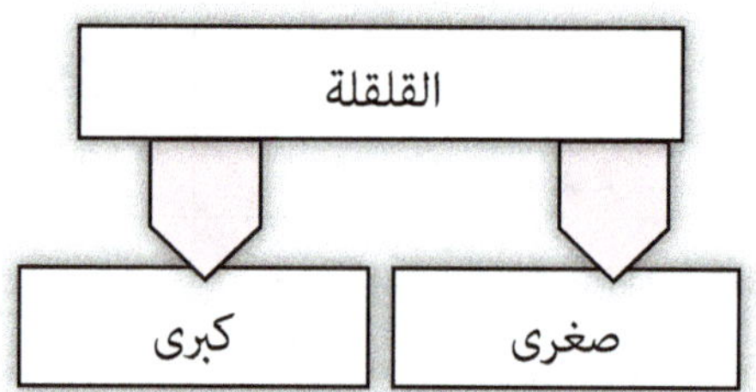

(1) سورة البقرة، الآية 71.
(2) سورة آل عمران، الآية 120.
(3) سورة الفجر، الآية 13.
(4) سورة البقرة، الآية 197.
(5) سورة البروج، الآية 4.

تطبيقات

﴿لَّقَدْ كَانَ فِي يُوسُفَ وَإِخْوَتِهِۦٓ ءَايَٰتٌ لِّلسَّآئِلِينَ ۝ إِذْ قَالُواْ لَيُوسُفُ وَأَخُوهُ أَحَبُّ إِلَىٰٓ أَبِينَا مِنَّا وَنَحْنُ عُصْبَةٌ إِنَّ أَبَانَا لَفِي ضَلَٰلٍ مُّبِينٍ ۝ ٱقْتُلُواْ يُوسُفَ أَوِ ٱطْرَحُوهُ أَرْضًا يَخْلُ لَكُمْ وَجْهُ أَبِيكُمْ وَتَكُونُواْ مِنۢ بَعْدِهِۦ قَوْمًا صَٰلِحِينَ ۝ قَالَ قَآئِلٌ مِّنْهُمْ لَا تَقْتُلُواْ يُوسُفَ وَأَلْقُوهُ فِي غَيَٰبَتِ ٱلْجُبِّ يَلْتَقِطْهُ بَعْضُ ٱلسَّيَّارَةِ إِن كُنتُمْ فَٰعِلِينَ﴾ (1).

الكلمة	الحرف	نوع القلقلة
لَّقَدْ	د	قلقلة صغرى إذا وصلنا، وقلقلة كبرى إذا وقفنا
أَحَبُّ	ب	قلقلة كبرى إذا وقفنا، ولا قلقلة في الوصل
ٱقْتُلُواْ	ق	قلقلة صغرى
ٱطْرَحُوهُ	ط	قلقلة صغرى
وَجْهُ	ج	قلقلة صغرى
بَعْدِهِۦ	-	لا قلقلة في الباء والدال، لأنهما ليسا ساكنَين
تَقْتُلُواْ	ق	قلقلة صغرى
ٱلْجُبِّ	ب	قلقلة كبرى إذا وقفنا، ولا قلقلة في الوصل
يَلْتَقِطْهُ	ط	قلقلة صغرى

---

(1) سورة يوسف، الآيات 7-10.

تمارين

تمارين حول القلقلة:

1 - نقرأ هذه الصفحة مع تطبيق حكم القلقلة، مع تمييز القلقلة الصغرى من القلقلة الكبرى.

﴿قٓ وَٱلْقُرْءَانِ ٱلْمَجِيدِ ۝ بَلْ عَجِبُوٓاْ أَن جَآءَهُم مُّنذِرٌ مِّنْهُمْ فَقَالَ ٱلْكَٰفِرُونَ هَٰذَا شَىْءٌ عَجِيبٌ ۝ أَءِذَا مِتْنَا وَكُنَّا تُرَابًا ذَٰلِكَ رَجْعٌۢ بَعِيدٌ ۝ قَدْ عَلِمْنَا مَا تَنقُصُ ٱلْأَرْضُ مِنْهُمْ وَعِندَنَا كِتَٰبٌ حَفِيظٌۢ ۝ بَلْ كَذَّبُواْ بِٱلْحَقِّ لَمَّا جَآءَهُمْ فَهُمْ فِىٓ أَمْرٍ مَّرِيجٍ ۝ أَفَلَمْ يَنظُرُوٓاْ إِلَى ٱلسَّمَآءِ فَوْقَهُمْ كَيْفَ بَنَيْنَٰهَا وَزَيَّنَّٰهَا وَمَا لَهَا مِن فُرُوجٍ ۝ وَٱلْأَرْضَ مَدَدْنَٰهَا وَأَلْقَيْنَا فِيهَا رَوَٰسِىَ وَأَنۢبَتْنَا فِيهَا مِن كُلِّ زَوْجٍ بَهِيجٍ ۝ تَبْصِرَةً وَذِكْرَىٰ لِكُلِّ عَبْدٍ مُّنِيبٍ ۝ وَنَزَّلْنَا مِنَ ٱلسَّمَآءِ مَآءً مُّبَٰرَكًا فَأَنۢبَتْنَا بِهِۦ جَنَّٰتٍ وَحَبَّ ٱلْحَصِيدِ ۝ وَٱلنَّخْلَ بَاسِقَٰتٍ لَّهَا طَلْعٌ نَّضِيدٌ ۝ رِّزْقًا لِّلْعِبَادِ وَأَحْيَيْنَا بِهِۦ بَلْدَةً مَّيْتًا كَذَٰلِكَ ٱلْخُرُوجُ ۝ كَذَّبَتْ قَبْلَهُمْ قَوْمُ نُوحٍ وَأَصْحَٰبُ ٱلرَّسِّ وَثَمُودُ ۝ وَعَادٌ وَفِرْعَوْنُ وَإِخْوَٰنُ لُوطٍ ۝ وَأَصْحَٰبُ ٱلْأَيْكَةِ وَقَوْمُ تُبَّعٍ كُلٌّ كَذَّبَ ٱلرُّسُلَ فَحَقَّ وَعِيدِ ۝ أَفَعَيِينَا بِٱلْخَلْقِ ٱلْأَوَّلِ بَلْ هُمْ فِى لَبْسٍ مِّنْ خَلْقٍ جَدِيدٍ﴾[1].

2 - بيّن حروف القلقلة في الآيات الآتية، مع بيان نوعها.

﴿وَٱلسَّمَآءِ وَٱلطَّارِقِ﴾ [2].

﴿خُلِقَ مِن مَّآءٍ دَافِقٍ﴾ [3].

﴿إِنَّهُۥ عَلَىٰ رَجْعِهِۦ لَقَادِرٌ﴾ [4].

﴿وَشَاهِدٍ وَمَشْهُودٍ﴾ [5].

---

(1) سورة ق، الآيات 1-15.

(2) سورة الطارق، الآية 1.

(3) سورة الطارق، الآية 6.

(4) سورة الطارق، الآية 8.

(5) سورة البروج، الآية 3.

3 - بيّن حروف القلقلة في الكلمات الملونة باللون الأحمر، مع بيان نوعها:

السبب	نوع القلقلة	حرف القلقلة	الآية
			قُلْ هُوَ ٱللَّهُ أَحَدٌ
			وَيَجْعَلُكُمْ خُلَفَآءَ ٱلْأَرْضِ
			قُلْ هَلْ مِن شُرَكَآئِكُم مَّن يَهْدِىٓ إِلَى ٱلْحَقِّ
			إِن لَّمْ يَكُن لَّهُنَّ وَلَدٌ
			هَٰذِهِۦ جَهَنَّمُ ٱلَّتِى يُكَذِّبُ بِهَا ٱلْمُجْرِمُونَ
			وَلَقَدْ أَرْسَلْنَا مِن قَبْلِكَ رُسُلًا

4 - قال تعالى: ﴿لَقَدْ خَلَقْنَا ٱلْإِنسَٰنَ فِى أَحْسَنِ تَقْوِيمٍ﴾[1].

ما نوع القلقلة في كلمة (لقد) عند الوقف؟ وعند الوصل؟

---

(1) سورة العلق، الآية 4.

همزةُ القطعِ وهمزةُ الوصل

أهداف الدرس

على المتعلّم مع نهاية هذا الدرس أن:

1 . يميِّز بين همزة القطع وهمزة الوصل.

2 . يتعرَّف إلى مواطنِ كلِّ من الهمزتين.

3 . يستطيع أن يعرف حركة همزة الوصل في بداية الكلمة.

مقدّمة:

الهمزةُ نوعان:

1 ـ همزة أصلية (وتسمّى همزةَ القطع):

وهي همزة تقع في أول الكلام ووسطه وآخره، وحُكمُها أن تُلفَظ دائماً؛ أي في الوصل والابتداء والوقف.

وهذه الهمزة تكون في الأسماء والأفعال والحروف.

- مثالها في الأسماء: إنسان - شَأْنٌ - مَلْجَأً.
- مثالها في الأفعال: أَكَلَ - سَأَلَ - قَرَأَ.
- مثالها في الحروف: أَوْ - كَأَنْ.

2 ـ همزة غير أصلية (وتسمّى همزةَ الوصل):

وهي التي تقع في أول الكلمات فقط، ويؤتى بها لتسهيل نطق الكلماتِ الساكنِ أوّلُها. وحُكمُها أن تُلفَظ في الابتداء، وتسقطَ حالَ الوصل.

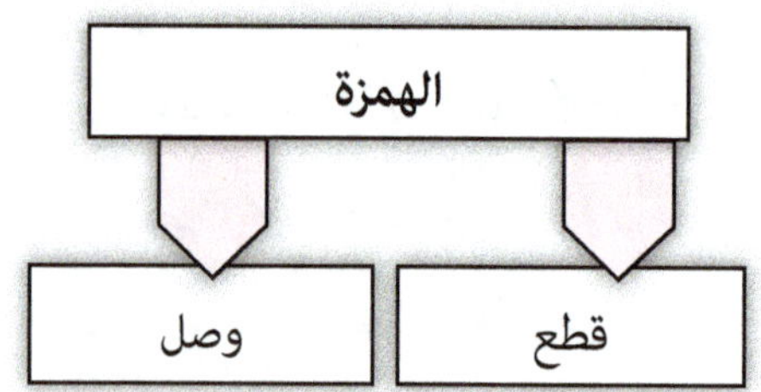

جدولٌ توضيحيٌّ لأهمّ الفوارق بين همزة القطع وهمزة الوصل:

	تلفظ في		من أصل الكلمة	تقع في الكلمة			تكون في بداية		
	الابتداء	الوصل		أولها	وسطها	آخرها	الفعل	الاسم	الحرف
همزة القطع	✓	✓	✓	✓	✓	✓	✓	✓	✓
همزة الوصل	✗	✓	✗	✓	✗	✗	✓	✓	✓

كيفيةُ معرفةِ حركةِ همزةِ الوصلِ في بدايةِ الكلمة:

يجب معرفة حركة همزة الوصل في بداية الكلمات، خاصةً أنه لا يوجد حركة على همزة الوصل في الرسم القرآنيّ.

مواضعُ همزةِ الوصل، وحركتُها:

تدخل همزةُ الوصل على الأسماء والأفعال والحروف.

1 - **في الحروف:** تدخل همزةُ الوصل على حرفٍ واحد هو لامُ التعريف، وهي لامٌ ساكنة. وبما أنَّ العرب لا تبدأ بساكن، لذلك يضعون هذه الهمزة قبل اللام لتسهيل الابتداء بالكلمة.

- أما حركتها فهي تُفتَح دائماً عند الابتداء بها.

﴿ٱلۡحَمۡدُ لِلَّهِ رَبِّ ٱلۡعَٰلَمِينَ﴾[1].

﴿يَٰقَوۡمِ إِنَّمَا هَٰذِهِ ٱلۡحَيَوٰةُ ٱلدُّنۡيَا مَتَٰعٌ وَإِنَّ ٱلۡأٓخِرَةَ هِيَ دَارُ ٱلۡقَرَارِ﴾[2].

﴿يَٰٓأَيُّهَا ٱلنَّاسُ ٱتَّقُواْ رَبَّكُمۡ إِنَّ زَلۡزَلَةَ ٱلسَّاعَةِ شَيۡءٌ عَظِيمٌ﴾[3].

2 - **في الأسماء:** دَخَلَتْ همزةُ الوصل على سبعةِ أسماءٍ غير مصادر في القرآن الكريم، هي:

- ابن: ﴿عِيسَى ٱبۡنَ مَرۡيَمَ﴾[4].

- ابنة: ﴿قَالَ إِنِّي أُرِيدُ أَنۡ أُنكِحَكَ إِحۡدَى ٱبۡنَتَيَّ هَٰتَيۡنِ﴾[5].

---

(1) سورة الفاتحة، الآية 1.

(2) سورة غافر، الآية 39.

(3) سورة الحج، الآية 1.

(4) سورة البقرة، الآية 87.

(5) سورة القصص، الآية 27.

- امرؤٌ/ امرأً/ امرئٍ: ﴿إِنِ ٱمۡرُؤٌاْ هَلَكَ﴾[1]، ﴿يَٰٓأُخۡتَ هَٰرُونَ مَا كَانَ أَبُوكِ ٱمۡرَأَ سَوۡءٍ﴾[2]، ﴿أَيَطۡمَعُ كُلُّ ٱمۡرِيٕ مِّنۡهُمۡ أَن يُدۡخَلَ جَنَّةَ نَعِيمٍ﴾[3].

- امرأة: ﴿وَإِنِ ٱمۡرَأَةٌ خَافَتۡ﴾[4].

- اثنا (اثنان)/ اثنَي (اثنين): ﴿إِنَّ عِدَّةَ ٱلشُّهُورِ عِندَ ٱللَّهِ ٱثۡنَا عَشَرَ شَهۡرًا﴾[5]، ﴿ٱثۡنَانِ ذَوَا عَدۡلٍ مِّنكُمۡ﴾[6]، ﴿وَبَعَثۡنَا مِنۡهُمُ ٱثۡنَيۡ عَشَرَ نَقِيبًا﴾[7]، ﴿ثَانِيَ ٱثۡنَيۡنِ﴾[8].

- اثنتا/ اثنتَي (اثنتين): ﴿فَٱنفَجَرَتۡ مِنۡهُ ٱثۡنَتَا عَشۡرَةَ عَيۡنًا﴾[9]، ﴿وَقَطَّعۡنَٰهُمُ ٱثۡنَتَيۡ عَشۡرَةَ أَسۡبَاطًا أُمَمًا﴾[10]، ﴿قَالُواْ رَبَّنَآ أَمَتَّنَا ٱثۡنَتَيۡنِ وَأَحۡيَيۡتَنَا ٱثۡنَتَيۡنِ﴾[11].

- اسم: ﴿فَكُلُواْ مِمَّا ذُكِرَ ٱسۡمُ ٱللَّهِ عَلَيۡهِ﴾[12].

وكذلك دخلت على مصادر الأفعال الخماسية، نحو: افتراءً (مصدر لـ (افۡتَرَى)، والسداسية، نحو: استكباراً (مصدر لـ (اسۡتَكۡبَرَ).

• وتكون حركتُها عند الابتداء بهذه الأسماء كلها الكسرَ دائماً.

﴿وَءَاتَيۡنَا عِيسَى ٱبۡنَ مَرۡيَمَ ٱلۡبَيِّنَٰتِ وَأَيَّدۡنَٰهُ بِرُوحِ ٱلۡقُدُسِۗ﴾[13].

﴿وَمَرۡيَمَ ٱبۡنَتَ عِمۡرَٰنَ﴾[14].

﴿كُلُّ ٱمۡرِيٕ بِمَا كَسَبَ رَهِينٌ﴾[15].

---

(1) سورة النساء، الآية 176.

(2) سورة مريم، الآية28.

(3) سورة المعارج، الآية 38.

(4) سورة النساء، الآية 128

(5) سورة التوبة، الآية 36.

(6) سورة المائدة، الآية 106.

(7) سورة المائدة، الآية 12.

(8) سورة التوبة، الآية 40.

(9) سورة البقرة، الآية 60.

(10) سورة الأعراف، الآية 160.

(11) سورة غافر، الآية 11.

(12) سورة الأنعام، الآية 118.

(13) سورة البقرة، الآية 87.

(14) سورة التحريم، الآية 12.

(15) سورة الطور، الآية21.

﴿إِذْ قَالَتِ ٱمْرَأَتُ عِمْرَٰنَ رَبِّ إِنِّي نَذَرْتُ لَكَ مَا فِي بَطْنِي مُحَرَّرًا﴾ [1].

﴿وَقَالَ ٱللَّهُ لَا تَتَّخِذُوٓاْ إِلَٰهَيْنِ ٱثْنَيْنِ إِنَّمَا هُوَ إِلَٰهٌ وَٰحِدٌ فَإِيَّٰيَ فَٱرْهَبُونِ﴾ [2].

﴿فَإِن كُنَّ نِسَآءً فَوْقَ ٱثْنَتَيْنِ فَلَهُنَّ ثُلُثَا مَا تَرَكَ﴾ [3].

﴿وَمَنْ أَظْلَمُ مِمَّن مَّنَعَ مَسَٰجِدَ ٱللَّهِ أَن يُذْكَرَ فِيهَا ٱسْمُهُ﴾ [4].

3 - في الأفعال: تدخلُ همزةُ الوصلِ على الأفعالِ الآتية:

- الفعل الماضي الخماسيّ: ٱعْتَدَىٰ - ٱشْتَرَىٰ.

- الفعل الماضي السداسيّ: ٱسْتَسْقَىٰ.

- فعل الأمر الخماسيّ: ٱنطَلِقوا.

- فعل الأمر السداسيّ: ٱسْتَغْفِرْ.

- فعل الأمر من الفعل الماضي الثلاثيّ: ٱنظُرْ (ماضيه نَظَرَ).

كيفية معرفة حركة همزة الوصل في الأفعال:

لمعرفة حركة همزة الوصل في الأفعال، تنظر إلى ثالث الفعل:

1. فإن كان مضموناً ضَمّاً أصلياً، فيُبدأ بالهمزة مضمومةً:

﴿قِيلَ ٱدْخُلِ ٱلْجَنَّةَ﴾ [5]... نبدأ هكذا (أُدخُل)

﴿يَٰبَنِيٓ إِسْرَٰٓءِيلَ ٱعْبُدُواْ ٱللَّهَ﴾ [6]... نبدأ هكذا (أُعبُدوا)

2. وإن كان مفتوحاً أو مكسوراً، فيُبدأ بالهمزة مكسورةً:

﴿فَأَوْحَيْنَآ إِلَىٰ مُوسَىٰٓ أَنِ ٱضْرِب بِّعَصَاكَ ٱلْبَحْرَ﴾ [7]... نبدأ هكذا (اضرِب)

﴿ٱعْلَمُوٓاْ أَنَّ ٱللَّهَ شَدِيدُ ٱلْعِقَابِ﴾ [8]... نبدأ هكذا (اعلَموا)

---

(1) سورة آل عمران، الآية 35.

(2) سورة النحل، الآية 51.

(3) سورة النساء، الآية 11.

(4) سورة البقرة، الآية 114.

(5) سورة يس، الآية 26.

(6) سورة المائدة، الآية 72.

(7) سورة الشعراء، الآية 63.

(8) سورة البقرة، الآية 196.

3. أمّا لو كان مضموناً ضمّاً عارضاً، فيُبدأ بالهمزة مكسورة:

﴿وَٱنطَلَقَ ٱلۡمَلَأُ مِنۡهُمۡ أَنِ ٱمۡشُواْ وَٱصۡبِرُواْ عَلَىٰٓ ءَالِهَتِكُمۡۖ إِنَّ هَٰذَا لَشَىۡءٌ يُرَادُ﴾[1]... نبدأ هكذا (امشوا)

﴿فَقَالُواْ ٱبۡنُواْ عَلَيۡهِم بُنۡيَٰنٗاۖ رَّبُّهُمۡ أَعۡلَمُ بِهِمۡۚ﴾[2]... نبدأ هكذا (ابنوا)

تنبيه: كيف نعرف الضمَّ الأصليَّ من الضمّ العارض؟

نحوِّل الفعلَ إلى المضارع، ثم ننظرُ إلى ثالثه، فإن بقي الضمُّ فيكون أصليّاً، نحو: (انصُرْني ← ينصُرُ، انظُر ← يَنظُرُ).

أمّا لو زال الضمّ، فهذا يكون دليلاً على أنَّ الضمَّ عارضٌ وليس أصليّاً، نحو: (ابنُوا ← يبنِي، امشُوا ← يمشِي).

وقد جاء في القرآنِ الكريمِ أربعةُ أفعالٍ ضمُّها عارضٌ، هي:

ٱمۡشُواْ - ٱبۡنُواْ - ٱقۡضُوٓاْ - ٱئۡتُواْ.

فهذه الأفعال الأربعة عند الابتداء بها نكسر همزةَ الوصل، وذلك لأنَّ الضمَّ على ثالثها ضمٌّ عارضٌ.

هذا كلُّه في الأفعال المبنيّة للمعلوم، أما في الأفعال المبنيّة للمجهول، فإنَّ همزةَ الوصل فيها تُضَمُّ مطلقاً.

﴿فَلۡيُؤَدِّ ٱلَّذِى ٱؤۡتُمِنَ أَمَٰنَتَهُۥ وَلۡيَتَّقِ ٱللَّهَ رَبَّهُۥۗ﴾[3]... نبدأ هكذا (اؤتمن)

﴿إِذۡ تَبَرَّأَ ٱلَّذِينَ ٱتُّبِعُواْ مِنَ ٱلَّذِينَ ٱتَّبَعُواْ وَرَأَوُاْ ٱلۡعَذَابَ وَتَقَطَّعَتۡ بِهِمُ ٱلۡأَسۡبَابُ﴾[4]... نبدأ هكذا (اتُّبعوا)

﴿وَلَقَدِ ٱسۡتُهۡزِئَ بِرُسُلٖ مِّن قَبۡلِكَ﴾[5]... نبدأ هكذا (اسْتُهزِئ)

---

(1) سورة ص، الآية 6.

(2) سورة الكهف، الآية 21.

(3) سورة البقرة، الآية 283.

(4) سورة البقرة، الآية 166.

(5) سورة الأنعام، الآية 10.

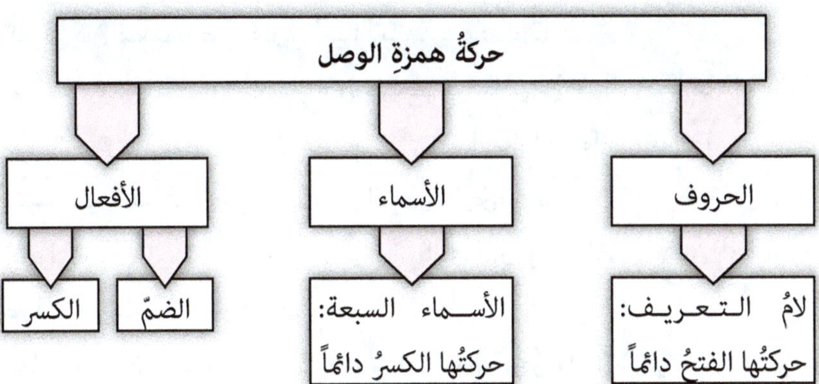
حركةُ همزةِ الوصل
الأفعال
الأسماء
الحروف
الكسر
الضمّ
الأسماء السبعة:
حركتُها الكسرُ دائماً
لامُ التعريف:
حركتُها الفتحُ دائماً

تطبيقات

1 - ﴿ٱنظُرْ كَيْفَ يَفْتَرُونَ عَلَى ٱللَّهِ ٱلْكَذِبَّ وَكَفَىٰ بِهِۦ إِثْمًا مُّبِينًا﴾[1].

نبدأ بهمزة الوصل مضمومة في كلمة (أُنظُر)، لأنَّ عين الفعل (أي حرف ظ) مضمومٌ ضمّاً أصلياً.

2 - ﴿قَالَ أَتَعْبُدُونَ مَا تَنْحِتُونَ ۝ وَٱللَّهُ خَلَقَكُمْ وَمَا تَعْمَلُونَ ۝ قَالُوا ٱبْنُوا لَهُۥ بُنْيَٰنًا فَأَلْقُوهُ فِى ٱلْجَحِيمِ ۝ فَأَرَادُوا بِهِۦ كَيْدًا فَجَعَلْنَٰهُمُ ٱلْأَسْفَلِينَ ۝ وَقَالَ إِنِّى ذَاهِبٌ إِلَىٰ رَبِّى سَيَهْدِينِ ۝ رَبِّ هَبْ لِى مِنَ ٱلصَّٰلِحِينَ ۝ فَبَشَّرْنَٰهُ بِغُلَٰمٍ حَلِيمٍ ۝ فَلَمَّا بَلَغَ مَعَهُ ٱلسَّعْىَ قَالَ يَٰبُنَىَّ إِنِّى أَرَىٰ فِى ٱلْمَنَامِ أَنِّى أَذْبَحُكَ فَٱنظُرْ مَاذَا تَرَىٰ قَالَ يَٰأَبَتِ ٱفْعَلْ مَا تُؤْمَرُ سَتَجِدُنِى إِن شَآءَ ٱللَّهُ مِنَ ٱلصَّٰبِرِينَ﴾[2].

نبدأ بهمزة الوصل مكسورة في كلمة (إبنوا)، لأنَّ عين الفعل (أي حرف ن) مضمومٌ ضماً عارضاً وليس أصلياً، فالفعل (بنى) مضارعهُ (يبنِي)، وثالثُه مكسور.

ونبدأ بهمزة الوصل مكسورة في كلمة (إفعل)، لأنَّ عين الفعل (أي حرف ع) مفتوحٌ.

---

(1) سورة النساء، الآية 50.

(2) سورة الصافات، الآيات 95-102.

تمارين

تمارينُ حولَ همزةِ الوصلِ:

1 - نقرأ هذه الصفحةَ مع الانتباه إلى الابتداء بالحركة الصحيحة لهمزة الوصل.

﴿حم ۝ تَنزِيلُ ٱلْكِتَٰبِ مِنَ ٱللَّهِ ٱلْعَزِيزِ ٱلْحَكِيمِ ۝ إِنَّ فِى ٱلسَّمَٰوَٰتِ وَٱلْأَرْضِ لَءَايَٰتٍ لِّلْمُؤْمِنِينَ ۝ وَفِى خَلْقِكُمْ وَمَا يَبُثُّ مِن دَآبَّةٍ ءَايَٰتٌ لِّقَوْمٍ يُوقِنُونَ ۝ وَٱخْتِلَٰفِ ٱلَّيْلِ وَٱلنَّهَارِ وَمَا أَنزَلَ ٱللَّهُ مِنَ ٱلسَّمَآءِ مِن رِّزْقٍ فَأَحْيَا بِهِ ٱلْأَرْضَ بَعْدَ مَوْتِهَا وَتَصْرِيفِ ٱلرِّيَٰحِ ءَايَٰتٌ لِّقَوْمٍ يَعْقِلُونَ ۝ تِلْكَ ءَايَٰتُ ٱللَّهِ نَتْلُوهَا عَلَيْكَ بِٱلْحَقِّ فَبِأَىِّ حَدِيثٍ بَعْدَ ٱللَّهِ وَءَايَٰتِهِۦ يُؤْمِنُونَ ۝ وَيْلٌ لِّكُلِّ أَفَّاكٍ أَثِيمٍ ۝ يَسْمَعُ ءَايَٰتِ ٱللَّهِ تُتْلَىٰ عَلَيْهِ ثُمَّ يُصِرُّ مُسْتَكْبِرًا كَأَن لَّمْ يَسْمَعْهَا فَبَشِّرْهُ بِعَذَابٍ أَلِيمٍ ۝ وَإِذَا عَلِمَ مِنْ ءَايَٰتِنَا شَيْئًا ٱتَّخَذَهَا هُزُوًا أُوْلَٰٓئِكَ لَهُمْ عَذَابٌ مُّهِينٌ ۝ مِّن وَرَآئِهِمْ جَهَنَّمُ وَلَا يُغْنِى عَنْهُم مَّا كَسَبُواْ شَيْئًا وَلَا مَا ٱتَّخَذُواْ مِن دُونِ ٱللَّهِ أَوْلِيَآءَ وَلَهُمْ عَذَابٌ عَظِيمٌ ۝ هَٰذَا هُدًى وَٱلَّذِينَ كَفَرُواْ بِـَٔايَٰتِ رَبِّهِمْ لَهُمْ عَذَابٌ مِّن رِّجْزٍ أَلِيمٌ ۝ ٱللَّهُ ٱلَّذِى سَخَّرَ لَكُمُ ٱلْبَحْرَ لِتَجْرِىَ ٱلْفُلْكُ فِيهِ بِأَمْرِهِۦ وَلِتَبْتَغُواْ مِن فَضْلِهِۦ وَلَعَلَّكُمْ تَشْكُرُونَ ۝ وَسَخَّرَ لَكُم مَّا فِى ٱلسَّمَٰوَٰتِ وَمَا فِى ٱلْأَرْضِ جَمِيعًا مِّنْهُ إِنَّ فِى ذَٰلِكَ لَءَايَٰتٍ لِّقَوْمٍ يَتَفَكَّرُونَ﴾ [1].

2 - اِقرأ الكلمات الملونة باللون الأحمر، مراعياً حركةَ همزةِ الوصلِ:

﴿ٱلَّذِى خَلَقَ ٱلسَّمَٰوَٰتِ وَٱلْأَرْضَ وَمَا بَيْنَهُمَا فِى سِتَّةِ أَيَّامٍ﴾ [2].

﴿وَلَقَدْ عَلِمُواْ لَمَنِ ٱشْتَرَىٰهُ مَا لَهُۥ فِى ٱلْءَاخِرَةِ مِنْ خَلَٰقٍ﴾ [3].

﴿وَإِذْ قِيلَ لَهُمُ ٱسْكُنُواْ هَٰذِهِ ٱلْقَرْيَةَ﴾ [4].

﴿ٱجْعَل لَّنَآ إِلَٰهًا كَمَا لَهُمْ ءَالِهَةٌ﴾ [5].

﴿ثُمَّ ٱقْضُوٓاْ إِلَىَّ وَلَا تُنظِرُونِ﴾ [6].

---

(1) سورة الجاثية، الآيات 1-13.

(2) سورة الفرقان، الآية 59.

(3) سورة البقرة، الآية 102.

(4) سورة الأعراف، الآية 161.

(5) سورة الأعراف، الآية 138.

(6) سورة يونس، الآية 71.

﴿ذَٰلِكَ عِيسَى ٱبۡنُ مَرۡيَمَ قَوۡلَ ٱلۡحَقِّ ٱلَّذِى فِيهِ يَمۡتَرُونَ﴾ [1].

﴿وَمَا تُنفِقُونَ إِلَّا ٱبۡتِغَآءَ وَجۡهِ ٱللَّهِ﴾ [2].

﴿فَمَنِ ٱضۡطُرَّ غَيۡرَ بَاغٍ وَلَا عَادٍ فَإِنَّ رَبَّكَ غَفُورٌ رَّحِيمٌ﴾ [3].

﴿وَمُبَشِّرًا بِرَسُولٍ يَأۡتِى مِنۢ بَعۡدِى ٱسۡمُهُۥٓ أَحۡمَدُ﴾ [4].

﴿ٱدۡعُواْ رَبَّكُمۡ تَضَرُّعًا وَخُفۡيَةً﴾ [5].

---

(1) سورة مريم، الآية 34.

(2) سورة البقرة، الآية 272.

(3) سورة البقرة، الآية 173.

(4) سورة الصف، الآية 6.

(5) سورة الأعراف، الآية 55.

أحكامُ النونِ الساكنةِ والتنوين

أهداف الدرس

على المتعلّم مع نهاية هذا الدرس أن:

1 . يعرف الفرق بين النون الساكنة والتنوين.

2 . يتعرَّف إلى أحكام النون الساكنة والتنوين.

3 . يحفظ حـروف الإدغـام والإظـهـار والإقـلاب والإخفاء.

الفرق بين النون الساكنة والتنوين:

- النونُ الساكنة: هي النونُ الخاليةُ من الحركة، وهي حرفٌ من أصلِ الكلمة، ويُقرأ ويُكتب خطّاً ووصلاً ووقفاً. وتأتي النونُ الساكنةُ في الأسماءِ والأفعالِ والحروفِ.

مثالها: أَنْعَمَ - إِنسَان - اَلرَّحْمَن.

- التنوين: هو نونٌ ساكنةٌ زائدة، تلحق آخرَ الأسماء لفظاً لا خطّاً، ووصلاً لا وقفاً. يدخل على الأسماءِ فقط، دونَ الأفعالِ والحروفِ. ويكون على شكل فتحتين (غفوراً)، أو ضمتين (غفورٌ)، أو كسرتين (غفورٍ).

أحكامُ النونِ الساكنةِ والتنوين:

للنونِ الساكنةِ (نْ) والتنوينِ (ـً ؛ ـٌ ؛ ـٍ) أربعةُ أحكامٍ، يحدِّدُها الحرفُ الذي يأتي بعدَهُمَا:

1 - الإدغام: هو أن تُدغَم النونُ الساكنة أو التنوين بالحرف المتحرِّك الذي يأتي بعدها، بحيثُ يصيران حرفاً واحداً مشدَّداً مِنْ جنسِ الحرفِ الثاني، ويأتي في كلمتينِ فقط. وهو نوعان:

الأول: إدغامٌ بغُنّة، وحروفهُ أربعة، هي (ي - ن - م - و):

﴿يُدْخِلُ مَن يَشَاءُ فِي رَحْمَتِهِ﴾[1] - - - تُقرأ هكذا (مَيَّشاء).

﴿إِنَّا هَدَيْنَٰهُ ٱلسَّبِيلَ إِمَّا شَاكِرًا وَإِمَّا كَفُورًا﴾[2] - - - تُقرأ هكذا (شاكِرَوّإما).

﴿عَيْنًا يَشْرَبُ بِهَا عِبَادُ ٱللَّهِ يُفَجِّرُونَهَا تَفْجِيرًا﴾[3] - - - تُقرأ هكذا (عينَيّشرب).

---

(1) سورة الشورى، الآية 8.

(2) سورة الإنسان، الآية 3.

(3) سورة الإنسان، الآية 6.

الثاني: إدغامٌ بلا غنَّةٍ، وله حرفان، هما (ل - ر):

﴿إِلَّا مَن رَّحِمَ ٱللَّهُ﴾[1] - - - تُقرأ هكذا (مرَّحم).

﴿وَيْلٌ يَوْمَئِذٍ لِّلْمُكَذِّبِينَ﴾[2] - - - تُقرأ هكذا (يومئذٍلِّلمكذبين).

﴿فَإِنِ ٱنتَهَوْاْ فَإِنَّ ٱللَّهَ غَفُورٌ رَّحِيمٌ﴾[3] - - - تُقرأ هكذا (غفورٌرَّحيم).

تعريفُ الغنَّةِ:

هي صوتٌ رخيمٌ يخرج من الخيشوم (التجويف الأنفيّ)، ولا عملَ للِّسانِ به.

2 - **الإظهارُ الحلقيُّ:** هو أن تَظهر النونُ الساكنةُ أو التنوينُ بشكلٍ واضح وجليٍّ إذا جاء بعدها أحد أحرف الإظهار الستة (ء - ه - ع - ح - غ - خ). ويأتي في كلمةٍ وفي كلمتين.

﴿أَخْرَجَ مِنْهَا مَآءَهَا وَمَرْعَىٰهَا﴾[4].

﴿مَتَٰعًا لَّكُمْ وَلِأَنْعَٰمِكُمْ﴾[5].

﴿ءَأَنتُمْ أَشَدُّ خَلْقًا أَمِ ٱلسَّمَآءُ بَنَىٰهَا﴾[6].

﴿وَوُجُوهٌ يَوْمَئِذٍ عَلَيْهَا غَبَرَةٌ﴾[7].

3 - **الإقلاب:** هو قلبُ النونِ الساكنةِ أو التنوينِ ميماً مع غنّة إذا جاء بعدها حرفُ الباء. ويأتي في كلمةٍ وفي كلمتين.

﴿ثُمَّ عَفَوْنَا عَنكُم مِّن بَعْدِ ذَٰلِكَ لَعَلَّكُمْ تَشْكُرُونَ﴾[8] - - - تُقرأ هكذا (مِمْبَعد).

﴿ذَٰلِكَ مِنْ أَنۢبَآءِ ٱلْغَيْبِ نُوحِيهِ إِلَيْكَ﴾[9] - - - تُقرأ هكذا (أَمْباء).

---

(1) سورة الدخان، الآية 42.

(2) سورة المرسلات، الآية 15.

(3) سورة البقرة، الآية 192.

(4) سورة النازعات، الآية 31.

(5) سورة النازعات، الآية 33.

(6) سورة النازعات، الآية 27.

(7) سورة عبس، الآية 40.

(8) سورة البقرة، الآية 52.

(9) سورة آل عمران، الآية 44.

﴿وَيَقْتُلُونَ ٱلْأَنۢبِيَآءَ بِغَيْرِ حَقٍّ﴾[1] - - - تُقرأ هكذا (الأمْبياء).

﴿سَأَلَ سَآئِلٌۢ بِعَذَابٍ وَاقِعٍ﴾[2] - - - تُقرأ هكذا (سائلُمْبِعذاب).

4 - الإخفاءُ الحقيقيُّ: هو إخفاءُ النونِ السـاكنةِ أو التنوينِ إذا جاء بعدها بقيةُ الحروفِ.

وقد جُمعت حروفُ الإخفاء في أوائلِ كلماتِ هذا البيت:

صِــف ذا ثنـا كـم جـاد شخص قـد سما

دم طيِّــباً زد فـي تقىً ضع ظالماً

ويأتي في كلمة وفي كلمتين.

﴿مَن جَآءَ بِٱلْحَسَنَةِ فَلَهُۥ خَيْرٌ مِّنْهَا﴾[3].

﴿خَلَقَ ٱلسَّمَٰوَٰتِ بِغَيْرِ عَمَدٍ تَرَوْنَهَا﴾[4].

﴿وَأَنزَلْنَا مِنَ ٱلسَّمَآءِ مَآءً فَأَنۢبَتْنَا فِيهَا مِن كُلِّ زَوْجٍ كَرِيمٍ﴾[5].

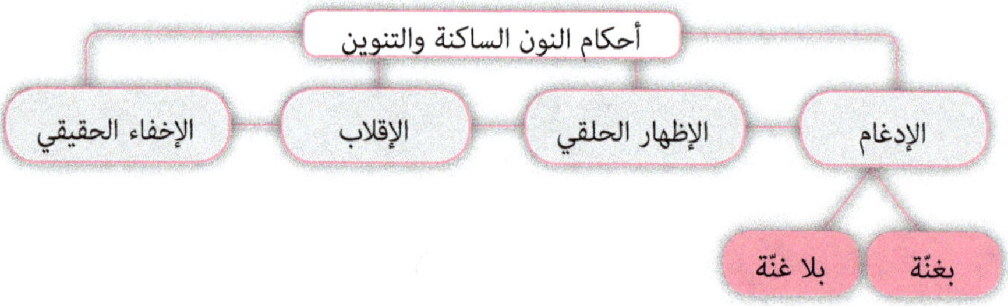

```
                    أحكام النون الساكنة والتنوين
    ┌──────────────┬──────────────┬──────────────┬──────────────┐
 الإخفاء الحقيقي      الإقلاب      الإظهار الحلقي       الإدغام
                                              ┌──────────┴──────────┐
                                           بغنّة                بلا غنّة
```

<hr>

(1) سورة آل عمران، الآية 112.

(2) سورة المعارج، الآية 1.

(3) سورة النمل، الآية 89.

(4) سورة لقمان، الآية 10.

(5) سورة لقمان، الآية 10.

يأتي في	الحروف	الحكم
كلمتين فقط	ي - ن - م - و / ل - ر	الإدغام
كلمة وكلمتين	ء - هـ - ع - ح - غ - خ	الإظهار الحلقي
كلمة وكلمتين	ب	الإقلاب
كلمة وكلمتين	ص - ذ - ث - ك - ج - ش - ق - س - د - ط - ز - ف - ت - ض - ظ	الإخفاء الحقيقي

تطبيقات

1 - ﴿كَبُرَ مَقْتًا عِندَ ٱللَّهِ أَن تَقُولُوا۟ مَا لَا تَفْعَلُونَ ۝ إِنَّ ٱللَّهَ يُحِبُّ ٱلَّذِينَ يُقَٰتِلُونَ فِي سَبِيلِهِۦ صَفًّا كَأَنَّهُم بُنْيَٰنٌ مَّرْصُوصٌ﴾[1].

السبب	الحكم	الكلمة
تنوين + ع	إظهار حلقي	مَقْتًا عِندَ
نْ + د	إخفاء حقيقي	عِندَ
نْ + ت	إخفاء حقيقي	أَن تَقُولُوا۟
نْ + ك	إخفاء حقيقي	صَفًّا كَأَنَّهُم
تنوين + م	إدغام بغنة	سِحْرٌ مُبِينٌ

2 - ﴿وَإِذْ قَالَ عِيسَى ٱبْنُ مَرْيَمَ يَٰبَنِي إِسْرَٰٓءِيلَ إِنِّي رَسُولُ ٱللَّهِ إِلَيْكُم مُّصَدِّقًا لِّمَا بَيْنَ يَدَيَّ مِنَ ٱلتَّوْرَىٰةِ وَمُبَشِّرًا بِرَسُولٍ يَأْتِي مِنۢ بَعْدِي ٱسْمُهُۥ أَحْمَدُ فَلَمَّا جَآءَهُم بِٱلْبَيِّنَٰتِ قَالُوا۟ هَٰذَا سِحْرٌ مُّبِينٌ﴾[2].

السبب	الحكم	الكلمة
تنوين + ل	إدغام بلا غنة	مُصَدِّقًا لِّمَا
تنوين + ب	إقلاب	وَمُبَشِّرًا بِرَسُولٍ
تنوين + ي	إدغام بغنة	بِرَسُولٍ يَأْتِي
نْ + ب	إقلاب	مِنْ بَعْدِي
تنوين + م	إدغام بغنة	سِحْرٌ مُبِينٌ

(1) سورة الصف، الآيتان 3-4.
(2) سورة الصف، الآية 6.

تمارين

تمارين حول أحكام النون الساكنة والتنوين:

1 - نقرأ هذه الصفحةَ مع تطبيق أحكام النون الساكنة والتنوين بشكل صحيح.

﴿لَّا يَسْتَوِى ٱلْقَٰعِدُونَ مِنَ ٱلْمُؤْمِنِينَ غَيْرُ أُو۟لِى ٱلضَّرَرِ وَٱلْمُجَٰهِدُونَ فِى سَبِيلِ ٱللَّهِ بِأَمْوَٰلِهِمْ وَأَنفُسِهِمْ فَضَّلَ ٱللَّهُ ٱلْمُجَٰهِدِينَ بِأَمْوَٰلِهِمْ وَأَنفُسِهِمْ عَلَى ٱلْقَٰعِدِينَ دَرَجَةً ۚ وَكُلًّا وَعَدَ ٱللَّهُ ٱلْحُسْنَىٰ ۚ وَفَضَّلَ ٱللَّهُ ٱلْمُجَٰهِدِينَ عَلَى ٱلْقَٰعِدِينَ أَجْرًا عَظِيمًا ۝ دَرَجَٰتٍ مِّنْهُ وَمَغْفِرَةً وَرَحْمَةً ۚ وَكَانَ ٱللَّهُ غَفُورًا رَّحِيمًا ۝ إِنَّ ٱلَّذِينَ تَوَفَّىٰهُمُ ٱلْمَلَٰٓئِكَةُ ظَالِمِىٓ أَنفُسِهِمْ قَالُوا۟ فِيمَ كُنتُمْ ۖ قَالُوا۟ كُنَّا مُسْتَضْعَفِينَ فِى ٱلْأَرْضِ ۚ قَالُوٓا۟ أَلَمْ تَكُنْ أَرْضُ ٱللَّهِ وَٰسِعَةً فَتُهَاجِرُوا۟ فِيهَا ۚ فَأُو۟لَٰٓئِكَ مَأْوَىٰهُمْ جَهَنَّمُ ۖ وَسَآءَتْ مَصِيرًا ۝ إِلَّا ٱلْمُسْتَضْعَفِينَ مِنَ ٱلرِّجَالِ وَٱلنِّسَآءِ وَٱلْوِلْدَٰنِ لَا يَسْتَطِيعُونَ حِيلَةً وَلَا يَهْتَدُونَ سَبِيلًا ۝ فَأُو۟لَٰٓئِكَ عَسَى ٱللَّهُ أَن يَعْفُوَ عَنْهُمْ ۚ وَكَانَ ٱللَّهُ عَفُوًّا غَفُورًا ۝ وَمَن يُهَاجِرْ فِى سَبِيلِ ٱللَّهِ يَجِدْ فِى ٱلْأَرْضِ مُرَٰغَمًا كَثِيرًا وَسَعَةً ۚ وَمَن يَخْرُجْ مِنۢ بَيْتِهِۦ مُهَاجِرًا إِلَى ٱللَّهِ وَرَسُولِهِۦ ثُمَّ يُدْرِكْهُ ٱلْمَوْتُ فَقَدْ وَقَعَ أَجْرُهُۥ عَلَى ٱللَّهِ ۗ وَكَانَ ٱللَّهُ غَفُورًا رَّحِيمًا ۝ وَإِذَا ضَرَبْتُمْ فِى ٱلْأَرْضِ فَلَيْسَ عَلَيْكُمْ جُنَاحٌ أَن تَقْصُرُوا۟ مِنَ ٱلصَّلَوٰةِ إِنْ خِفْتُمْ أَن يَفْتِنَكُمُ ٱلَّذِينَ كَفَرُوٓا۟ ۚ إِنَّ ٱلْكَٰفِرِينَ كَانُوا۟ لَكُمْ عَدُوًّا مُّبِينًا﴾[1].

2 - بيِّن أحكام النون الساكنة والتنوين في الآيات الآتية:

﴿قَالُوا۟ مَآ أَنتُمْ إِلَّا بَشَرٌ مِّثْلُنَا وَمَآ أَنزَلَ ٱلرَّحْمَٰنُ مِن شَىْءٍ إِنْ أَنتُمْ إِلَّا تَكْذِبُونَ﴾[2].

....

﴿وَعَلَّمْنَٰهُ صَنْعَةَ لَبُوسٍ لَّكُمْ لِتُحْصِنَكُم مِّنۢ بَأْسِكُمْ ۖ فَهَلْ أَنتُمْ شَٰكِرُونَ﴾[3].

....

﴿وَلِكُلِّ أُمَّةٍ جَعَلْنَا مَنسَكًا لِّيَذْكُرُوا۟ ٱسْمَ ٱللَّهِ عَلَىٰ مَا رَزَقَهُم مِّنۢ بَهِيمَةِ ٱلْأَنْعَٰمِ﴾[4].

....

---

(1) سورة النساء، الآيات 95-101.

(2) سورة يس، الآية 15.

(3) سورة الأنبياء، الآية 80.

(4) سورة الحج، الآية 34.

3- بيّن أحكام النون الساكنة والتنوين في العبارات الآتية:

الحكم	العبارات	
	إِن تُطِيعُوا	1-
	غَفُورًا رَّحِيمًا	2-
	كُلٌّ ءَامَنَ بِٱللَّهِ	3-
	وَنَادَىٰ أَصْحَٰبُ ٱلْأَعْرَافِ رِجَالًا يَعْرِفُونَهُم بِسِيمَٰهُمْ	4-
	وَيَوْمَ نَحْشُرُهُمْ جَمِيعًا ثُمَّ نَقُولُ	5-
	ٱلدُّنْيَا	6-
	وَلَوْ أَنَّ لِكُلِّ نَفْسٍ ظَلَمَتْ مَا فِي ٱلْأَرْضِ لَٱفْتَدَتْ بِهِۦ	7-
	هُدًى وَرَحْمَةً	8-
	مِنَ ٱلْمُفْلِحِينَ	9-
	أَن بُورِكَ مَن فِي ٱلنَّارِ	10-

أحكامُ الميمِ الساكنةِ

أهداف الدرس

على المتعلّم مع نهاية هذا الدرس أن:

1. يتعرَّف إلى أحكامِ الميم الساكنة.

2. يعرف لماذا اتّصفت أحكامُ الميمِ الساكنةِ بالشَّفَويّة.

3. يحفظ حروف الإدغام والإخفاء والإظهار الشفَويّ.

تعريفُ الميمِ الساكنةِ:

هي الميمُ الخاليةُ مِنَ الحركةِ، تثبتُ وصلاً ووقفاً، وتكونُ في الأسماءِ والأفعالِ والحروفِ. وتتَّصفُ أحكامُها بالشفويَّةِ؛ لأنَّ مخرجَ الميمِ مِنَ الشفةِ.

أحكامُ الميمِ الساكنةِ:

للميمِ الساكنة ثلاثةُ أحكامٍ، يحدِّدُها الحرفُ الذي يأتي بعدها.

1 - الإدغامُ الشفَويُّ:

إذا أتَتِ الميمُ الساكنةُ في آخر الكلمةِ وأتى بعدَها ميمٌ متحرِّكةٌ في بداية الكلمة الثانية، وَجبَ الإدغامُ، بحيثُ تُدمج الميمُ الأولى بالثانية وتصيرانِ ميماً واحدةً مشدَّدةً، تُلفظُ بإطباقِ الشفتينِ، مع الغنّةِ:

$$ \text{مْ} + \text{م} \; (\text{مَ} \; \text{مُ} \; \text{مِ}) = \text{مّ} $$

﴿ٱلَّذِى أَطْعَمَهُم مِّن جُوعٍ﴾ [1]   ... تُقرأ هكذا (أطعمهُمّن).

﴿وَجَعَلْنَا بَيْنَهُم مَّوْبِقًا﴾ [2]   ... تُقرأ هكذا (بينهُمّوبقا).

﴿لَهُم مَّغْفِرَةٌ وَأَجْرٌ عَظِيمٌ﴾ [3]   ... تُقرأ هكذا (لهُمّغفرة).

﴿وَمَا لَهُم مِّن نَّصِيرِينَ﴾ [4]   ... تُقرأ هكذا (لهُمّن).

---

(1) سورة قريش، الآية 4.
(2) سورة الكهف، الآية 52.
(3) سورة المائدة، الآية 9.
(4) سورة آل عمران، الآية 22.

2 - الإخفاءُ الشفَويُّ:

وذلك إذا أتتِ الميمُ الساكنةُ في آخر الكلمة وأتى بعدَها باءٌ متحرِّكةٌ في بداية الكلمة الثانية، فهنا يجب إخفاءُ الميم، معَ الغنَّةِ:

مْ + ب(بَ بُ بِ) = م (مُخفاة) + ب

﴿نَّحْنُ نَقُصُّ عَلَيْكَ نَبَأَهُم بِٱلْحَقِّ﴾ [1]

﴿قُلْ إِنَّمَآ أُنذِرُكُم بِٱلْوَحْىِ﴾ [2]

﴿أَفْتَرَىٰ عَلَى ٱللَّهِ كَذِبًا أَم بِهِۦ جِنَّةٌۢ﴾ [3]

﴿ٱلَّذِينَ ءَاتَيْنَٰهُمُ ٱلْكِتَٰبَ مِن قَبْلِهِۦ هُم بِهِۦ يُؤْمِنُونَ﴾ [4]

3 - الإظهارُ الشفَويُّ:

لهُ ستَّةٌ وعشرونَ حرفاً، وهي الباقيةُ مِنْ حروفِ الهِجاءِ بعدَ إسقاطِ حرفَي الإدغام والإظهارِ (الميم والباء).

فإذا وقعَ حرفٌ منها بعدَ الميمِ، وجبَ إظهارُها. ويتمُّ ذلك بإيضاح سكونِ الميمِ الساكنةِ دونَ زيادةٍ في الغنَّةِ، وإيضاحِ حركةِ الحرفِ المُظهَرِ بعدَها. ويأتي الإظهارُ الشفَويُّ في كلمة وفي كلمتين:

﴿أَمْ حَسِبْتَ أَنَّ أَصْحَٰبَ ٱلْكَهْفِ وَٱلرَّقِيمِ كَانُوا۟ مِنْ ءَايَٰتِنَا عَجَبًا﴾ [5].

﴿وَهَيِّئْ لَنَا مِنْ أَمْرِنَا رَشَدًا﴾ [6].

﴿وَيَخِرُّونَ لِلْأَذْقَانِ يَبْكُونَ وَيَزِيدُهُمْ خُشُوعًا﴾ [7].

﴿وَلَمْ يَكُن لَّهُۥ شَرِيكٌ فِى ٱلْمُلْكِ﴾ [8].

---

(1) سورة الكهف، الآية 13.

(2) سورة الأنبياء، الآية 45.

(3) سورة سبأ، الآية 8.

(4) سورة القصص، الآية 52.

(5) سورة الكهف، الآية 9.

(6) سورة الكهف، الآية 10.

(7) سورة الإسراء، الآية 109.

(8) سورة الإسراء، الآية 111.

﴿فَإِذَا جَآءَ وَعْدُ ٱلْأَخِرَةِ جِئْنَا بِكُمْ لَفِيفًا﴾ (1).

﴿فَخَرَجَ عَلَىٰ قَوْمِهِۦ مِنَ ٱلْمِحْرَابِ فَأَوْحَىٰ إِلَيْهِمْ أَن سَبِّحُوا۟ بُكْرَةً وَعَشِيًّا﴾ (2).

آية تجمع أحكامَ الميم الثلاثة:

﴿فَلَمَّا جَآءَتْهُمْ رُسُلُهُم بِٱلْبَيِّنَٰتِ فَرِحُوا۟ بِمَا عِندَهُم مِّنَ ٱلْعِلْمِ وَحَاقَ بِهِم مَّا كَانُوا۟ بِهِۦ يَسْتَهْزِءُونَ﴾ (3).

﴿جَآءَتْهُمْ رُسُلُهُم﴾: إظهار شفوي.

﴿رُسُلُهُم بِٱلْبَيِّنَٰتِ﴾: إخفاء شفوي.

﴿عِندَهُم مِّنَ﴾: إدغام شفوي.

﴿ٱلْعِلْمِ وَحَاقَ﴾: لا حكم (لأنّ الميم ليست ساكنة).

﴿بِهِم مَّا﴾: إدغام شفوي.

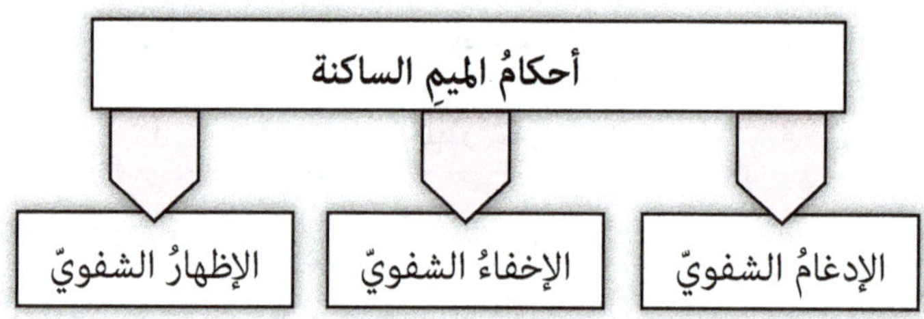

---

(1) سورة الإسراء، الآية 104.

(2) سورة مريم، الآية 11.

(3) سورة غافر، الآية 83.

تطبيقات

﴿فَبِمَا نَقْضِهِم مِّيثَٰقَهُمْ وَكُفْرِهِم بِـَٔايَٰتِ ٱللَّهِ وَقَتْلِهِمُ ٱلْأَنۢبِيَآءَ بِغَيْرِ حَقٍّ وَقَوْلِهِمْ قُلُوبُنَا غُلْفٌۢ بَلْ طَبَعَ ٱللَّهُ عَلَيْهَا بِكُفْرِهِمْ فَلَا يُؤْمِنُونَ إِلَّا قَلِيلًا ۝ وَبِكُفْرِهِمْ وَقَوْلِهِمْ عَلَىٰ مَرْيَمَ بُهْتَٰنًا عَظِيمًا ۝ وَقَوْلِهِمْ إِنَّا قَتَلْنَا ٱلْمَسِيحَ عِيسَى ٱبْنَ مَرْيَمَ رَسُولَ ٱللَّهِ وَمَا قَتَلُوهُ وَمَا صَلَبُوهُ وَلَٰكِن شُبِّهَ لَهُمْ وَإِنَّ ٱلَّذِينَ ٱخْتَلَفُوا۟ فِيهِ لَفِي شَكٍّ مِّنْهُ مَا لَهُم بِهِۦ مِنْ عِلْمٍ إِلَّا ٱتِّبَاعَ ٱلظَّنِّ وَمَا قَتَلُوهُ يَقِينًا﴾[1].

السبب	الحكم	الكلمة
مْ + م	إدغام شفوي	نَقْضِهِم مِّيثَٰقَهُمْ
مْ + و	إظهار شفوي	مِّيثَٰقَهُمْ وَكُفْرِهِم
مْ + ب	إخفاء شفوي	وَكُفْرِهِم بِـَٔايَٰتِ
مْ + ق	إظهار شفوي	وَقَوْلِهِمْ قُلُوبُنَا
مْ + ف	إظهار شفوي	بِكُفْرِهِمْ فَلَا
مْ + و	إظهار شفوي	وَبِكُفْرِهِمْ وَقَوْلِهِمْ
مْ + ع	إظهار شفوي	وَقَوْلِهِمْ عَلَىٰ
مْ + ء	إظهار شفوي	وَقَوْلِهِمْ إِنَّا
مْ + و	إظهار شفوي	لَهُمْ وَإِنَّ
مْ + ب	إخفاء شفوي	لَهُم بِهِۦ

---

[1] سورة النساء، الآيات 155-157.

تمارين

تمارين حول أحكام الميم الساكنة:

1 - نقرأ هذه الصفحةَ مع تطبيقِ أحكامِ الميمِ الساكنةِ بشكلٍ صحيح.

﴿إِنَّ ٱللَّهَ يُدۡخِلُ ٱلَّذِينَ ءَامَنُواْ وَعَمِلُواْ ٱلصَّٰلِحَٰتِ جَنَّٰتٖ تَجۡرِي مِن تَحۡتِهَا ٱلۡأَنۡهَٰرُ وَٱلَّذِينَ كَفَرُواْ يَتَمَتَّعُونَ وَيَأۡكُلُونَ كَمَا تَأۡكُلُ ٱلۡأَنۡعَٰمُ وَٱلنَّارُ مَثۡوٗى لَّهُمۡ ۝ وَكَأَيِّن مِّن قَرۡيَةٍ هِيَ أَشَدُّ قُوَّةٗ مِّن قَرۡيَتِكَ ٱلَّتِي أَخۡرَجَتۡكَ أَهۡلَكۡنَٰهُمۡ فَلَا نَاصِرَ لَهُمۡ ۝ أَفَمَن كَانَ عَلَىٰ بَيِّنَةٖ مِّن رَّبِّهِۦ كَمَن زُيِّنَ لَهُۥ سُوٓءُ عَمَلِهِۦ وَٱتَّبَعُوٓاْ أَهۡوَآءَهُم ۝ مَّثَلُ ٱلۡجَنَّةِ ٱلَّتِي وُعِدَ ٱلۡمُتَّقُونَۖ فِيهَآ أَنۡهَٰرٞ مِّن مَّآءٍ غَيۡرِ ءَاسِنٖ وَأَنۡهَٰرٞ مِّن لَّبَنٖ لَّمۡ يَتَغَيَّرۡ طَعۡمُهُۥ وَأَنۡهَٰرٞ مِّنۡ خَمۡرٖ لَّذَّةٖ لِّلشَّٰرِبِينَ وَأَنۡهَٰرٞ مِّنۡ عَسَلٖ مُّصَفّٗىۖ وَلَهُمۡ فِيهَا مِن كُلِّ ٱلثَّمَرَٰتِ وَمَغۡفِرَةٞ مِّن رَّبِّهِمۡۖ كَمَنۡ هُوَ خَٰلِدٞ فِي ٱلنَّارِ وَسُقُواْ مَآءً حَمِيمٗا فَقَطَّعَ أَمۡعَآءَهُمۡ ۝ وَمِنۡهُم مَّن يَسۡتَمِعُ إِلَيۡكَ حَتَّىٰٓ إِذَا خَرَجُواْ مِنۡ عِندِكَ قَالُواْ لِلَّذِينَ أُوتُواْ ٱلۡعِلۡمَ مَاذَا قَالَ ءَانِفًاۚ أُوْلَٰٓئِكَ ٱلَّذِينَ طَبَعَ ٱللَّهُ عَلَىٰ قُلُوبِهِمۡ وَٱتَّبَعُوٓاْ أَهۡوَآءَهُمۡ ۝ وَٱلَّذِينَ ٱهۡتَدَوۡاْ زَادَهُمۡ هُدٗى وَءَاتَىٰهُمۡ تَقۡوَىٰهُمۡ ۝ فَهَلۡ يَنظُرُونَ إِلَّا ٱلسَّاعَةَ أَن تَأۡتِيَهُم بَغۡتَةٗۖ فَقَدۡ جَآءَ أَشۡرَاطُهَاۚ فَأَنَّىٰ لَهُمۡ إِذَا جَآءَتۡهُمۡ ذِكۡرَىٰهُمۡ ۝ فَٱعۡلَمۡ أَنَّهُۥ لَآ إِلَٰهَ إِلَّا ٱللَّهُ وَٱسۡتَغۡفِرۡ لِذَنۢبِكَ وَلِلۡمُؤۡمِنِينَ وَٱلۡمُؤۡمِنَٰتِۗ وَٱللَّهُ يَعۡلَمُ مُتَقَلَّبَكُمۡ وَمَثۡوَىٰكُمۡ﴾[1].

2 - بيّن أحكام الميم الساكنة في الآيات الآتية:

الحكم	الآية	
	وَمَا صَاحِبُكُم بِمَجۡنُونٍ	1 -
	وَلَكُمۡ فِيهَا مَنَٰفِعُ كَثِيرَةٞ	2 -
	لَا يَحۡزُنُهُمُ ٱلۡفَزَعُ ٱلۡأَكۡبَرُ	3 -
	فَهُم مُّسۡلِمُونَ	4 -
	أَلَمۡ نَخۡلُقكُّم	5 -
	مَا لَهُم بِهِۦ مِنۡ عِلۡمٍ	6 -
	وَمَآ أَنتَ بِهَٰدِي ٱلۡعُمۡيِ عَن ضَلَٰلَتِهِمۡ	7 -
	ءَامَنُواْ وَعَمِلُواْ ٱلصَّٰلِحَٰتِ	8 -

---

(1) سورة محمد، الآيات 12- 19.

3 - بيّن أحكام الميم الساكنة في ما يلي:

- يَمۡحَقُ ٱللَّهُ ٱلرِّبَوٰاْ

....

- ٱلَّذِى أَطۡعَمَهُم مِّن جُوعٖ

....

- نَّحۡنُ نَقُصُّ عَلَيۡكَ نَبَأَهُم بِٱلۡحَقِّ

....

- حَكِيمٍ خَبِيرٍ

....

أحكامُ الراءِ ولفظِ الجلالةِ

أهداف الدرس

على المتعلّم مع نهاية هذا الدرس أن:

1. يعرف أحكام الراء.

2. يعرف أحكام لفظ الجلالة.

3. يملك القدرة على تطبيقها بشكل صحيح.

مقدمة:

لحرفِ الراءِ حالتان: التفخيمُ والترقيقُ. ويوجدُ تفصيلاتٌ كثيرةٌ يمكن مراجعتها في الكتب التخصُّصيّة، أما نحن فسنأخذُ منها أهمَّ قواعدَ مبسَّطةٍ وسهلةٍ:

أحكامُ حرفِ الرّاء:

تفخُّمُ الراءُ في هذه الحالات:

1 - إذا كانت مفتوحةً: ﴿وَلَمَن صَبَرَ وَغَفَرَ إِنَّ ذَٰلِكَ لَمِنْ عَزْمِ ٱلْأُمُورِ﴾[1].

2 - إذا كانت مضمومةً: ﴿قَالُوا۟ هَٰذَا ٱلَّذِى رُزِقْنَا مِن قَبْلُ﴾[2].

3 - إذا كانت ساكنةً مفتوحاً ما قبلها: ﴿وَكَانَ عَرْشُهُۥ عَلَى ٱلْمَآءِ لِيَبْلُوَكُمْ أَيُّكُمْ أَحْسَنُ﴾[3].

4 - إذا كانت ساكنةً مضموماً ما قبلها: ﴿وَٱلْقَمَرَ قَدَّرْنَٰهُ مَنَازِلَ حَتَّىٰ عَادَ كَٱلْعُرْجُونِ ٱلْقَدِيمِ﴾[4].

	تفخيمُ الراء		
ساكنةٌ قبلها ضمَّةٌ	ساكنةٌ قبلها فتحةٌ	مضمومةٌ	مفتوحةٌ

---

(1) سورة الشورى، الآية 43.

(2) سورة البقرة، الآية 25.

(3) سورة هود، الآية 7.

(4) سورة يس، الآية 39.

ترقَّقُ الراءُ في هذه الحالات:

1 - إذا كانت مكسورةً: ﴿وَأُخِذُواْ مِن مَّكَانٍ قَرِيبٍ﴾[1]. ﴿لاَ نَسْئَلُكَ رِزْقًا﴾[2].

2 - إذا كانت ساكنةً بعدَ كسرٍ أصليٍّ: ﴿إِنَّ فِرْعَوْنَ عَلَا فِى ٱلْأَرْضِ﴾[3]. ﴿ٱلَّذِينَ يَرِثُونَ ٱلْفِرْدَوْسَ﴾[4].

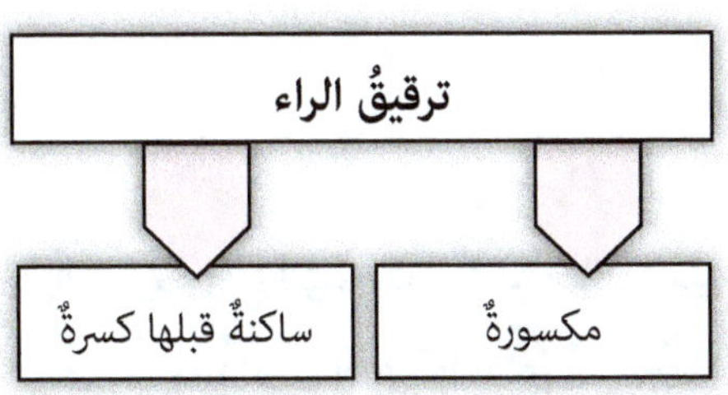

أحكامُ لفظِ الجلالةِ (الله/ اللهُمَّ):

للفظِ الجلالةِ حالتان في اللفظِ، هما التفخيمُ والترقيقُ. وأيضاً هناكَ تفصيلاتٌ كثيرةٌ، سوفَ نأخذُ أبسَطَ قواعدِها.

يُفَخَّمُ لفظُ الجلالة في هذه الحالات:

1 - إذا كان مسبوقاً بفتح: ﴿هُوَ ٱللَّهُ ٱلَّذِى لَآ إِلَٰهَ إِلَّا هُوَ﴾[5].

2 - إذا كان مسبوقاً بضم: ﴿مُّحَمَّدٌ رَّسُولُ ٱللَّهِ﴾[6].

3 - إذا كان في ابتداء الكلام: ﴿ٱللَّهُ ٱلصَّمَدُ﴾[7].

---

(1) سورة سبأ، الآية 51.

(2) سورة طه، الآية 132.

(3) سورة القصص، الآية 4.

(4) سورة المؤمنون، الآية 11.

(5) سورة الحشر، الآية 22.

(6) سورة الفتح، الآية 29.

(7) سورة الإخلاص، الآية 2.

يُرَقَّقُ لفظُ الجلالة في هاتين الحالتين:

1 - إذا كان مسبوقاً بكسرٍ: ﴿صِرَٰطِ ٱللَّهِ ٱلَّذِى لَهُۥ مَا فِى ٱلسَّمَٰوَٰتِ وَمَا فِى ٱلْأَرْضِ﴾[1].

2 - إذا كان مسبوقاً بتنوينٍ: ﴿لِمَ تَعِظُونَ قَوْمًا ٱللَّهُ مُهْلِكُهُمْ﴾[2]، تُقرأ (قومِنِ اللهُ).

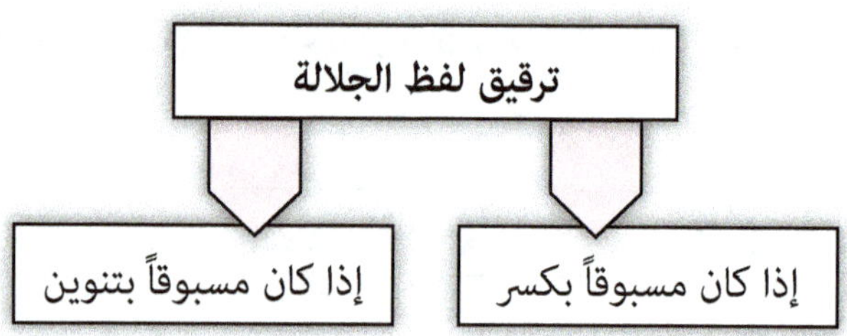

---

(1) سورة الشورى، الآية 53.
(2) سورة الأعراف، الآية 164.

تطبيقات

﴿وَإِنِّي عُذْتُ بِرَبِّي وَرَبِّكُمْ أَن تَرْجُمُونِ ۞ وَإِن لَّمْ تُؤْمِنُوا لِي فَٱعْتَزِلُونِ ۞ فَدَعَا رَبَّهُۥ أَنَّ هَٰٓؤُلَآءِ قَوْمٌ مُّجْرِمُونَ ۞ فَأَسْرِ بِعِبَادِي لَيْلًا إِنَّكُم مُّتَّبَعُونَ ۞ وَٱتْرُكِ ٱلْبَحْرَ رَهْوًا إِنَّهُمْ جُندٌ مُّغْرَقُونَ ۞ كَمْ تَرَكُوا مِن جَنَّٰتٍ وَعُيُونٍ ۞ وَزُرُوعٍ وَمَقَامٍ كَرِيمٍ ۞ وَنَعْمَةٍ كَانُوا فِيهَا فَٰكِهِينَ ۞ كَذَٰلِكَ وَأَوْرَثْنَٰهَا قَوْمًا ءَاخَرِينَ﴾ (1)

السبب	الحكم	الكلمة
الراء مفتوحة	التفخيم	بِرَبِّي
الراء مفتوحة	التفخيم	وَرَبِّكُمْ
الراء ساكنة وقبلها فتحة	التفخيم	تَرْجُمُونِ
الراء مفتوحة	التفخيم	رَبَّهُۥ
الراء مكسورة	الترقيق	مُّجْرِمُونَ
الراء مكسورة	الترقيق	فَأَسْرِ
الراء مضمومة	التفخيم	وَٱتْرُكِ
الراء مفتوحة	التفخيم	ٱلْبَحْرَ
الراء مفتوحة	التفخيم	رَهْوًا
الراء مفتوحة	التفخيم	مُّغْرَقُونَ
الراء مفتوحة	التفخيم	تَرَكُوا
الراء مضمومة	التفخيم	وَزُرُوعٍ
الراء مفتوحة	التفخيم	وَأَوْرَثْنَٰهَا

---

(1) سورة الدخان، الآيات 20 - 28.

﴿قُلْ هُوَ ٱللَّهُ أَحَدٌ ۝ ٱللَّهُ ٱلصَّمَدُ﴾[1].

﴿دَعْوَىٰهُمْ فِيهَا سُبْحَٰنَكَ ٱللَّهُمَّ وَتَحِيَّتُهُمْ فِيهَا سَلَٰمٌ وَءَاخِرُ دَعْوَىٰهُمْ أَنِ ٱلْحَمْدُ لِلَّهِ رَبِّ ٱلْعَٰلَمِينَ﴾[2].

السبب	الحكم	الكلمة
سبقه فتحة (وَ)	التفخيم	هُوَ ٱللَّهُ
عند الابتداء	التفخيم	ٱللَّهُ أَحَدٌ
عند الابتداء	التفخيم	ٱللَّهُ ٱلصَّمَدُ
سبقه تنوين (دٌ)	الترقيق	أَحَدٌ اللَّهُ
سبقه فتحة (كَ)	التفخيم	سُبْحَٰنَكَ ٱللَّهُمَّ
عند الابتداء	التفخيم	ٱللَّهُمَّ وَتَحِيَّتُهُمْ
سبقه كسرة (لِ)	الترقيق	ٱلْحَمْدُ لِلَّهِ

---

(1) سورة الصمد، الآيتان 1-2.
(2) سورة يونس، الآية 10.

تمارين

تمارين حول أحكامِ الراءِ ولفظِ الجلالة:

1 - نقرأ هذه الصفحةَ مع تطبيقِ أحكامِ الراءِ وأحكام لفظِ الجلالة بشكلٍ صحيح.

﴿وَمِنَ ٱلَّذِينَ قَالُوٓاْ إِنَّا نَصَٰرَىٰٓ أَخَذۡنَا مِيثَٰقَهُمۡ فَنَسُواْ حَظّٗا مِّمَّا ذُكِّرُواْ بِهِۦ فَأَغۡرَيۡنَا بَيۡنَهُمُ ٱلۡعَدَاوَةَ وَٱلۡبَغۡضَآءَ إِلَىٰ يَوۡمِ ٱلۡقِيَٰمَةِ وَسَوۡفَ يُنَبِّئُهُمُ ٱللَّهُ بِمَا كَانُواْ يَصۡنَعُونَ ۝ يَٰٓأَهۡلَ ٱلۡكِتَٰبِ قَدۡ جَآءَكُمۡ رَسُولُنَا يُبَيِّنُ لَكُمۡ كَثِيرٗا مِّمَّا كُنتُمۡ تُخۡفُونَ مِنَ ٱلۡكِتَٰبِ وَيَعۡفُواْ عَن كَثِيرٖ قَدۡ جَآءَكُم مِّنَ ٱللَّهِ نُورٌ وَكِتَٰبٌ مُّبِينٌ ۝ يَهۡدِي بِهِ ٱللَّهُ مَنِ ٱتَّبَعَ رِضۡوَٰنَهُۥ سُبُلَ ٱلسَّلَٰمِ وَيُخۡرِجُهُم مِّنَ ٱلظُّلُمَٰتِ إِلَى ٱلنُّورِ بِإِذۡنِهِۦ وَيَهۡدِيهِمۡ إِلَىٰ صِرَٰطٖ مُّسۡتَقِيمٖ ۝ لَّقَدۡ كَفَرَ ٱلَّذِينَ قَالُوٓاْ إِنَّ ٱللَّهَ هُوَ ٱلۡمَسِيحُ ٱبۡنُ مَرۡيَمَ قُلۡ فَمَن يَمۡلِكُ مِنَ ٱللَّهِ شَيۡـًٔا إِنۡ أَرَادَ أَن يُهۡلِكَ ٱلۡمَسِيحَ ٱبۡنَ مَرۡيَمَ وَأُمَّهُۥ وَمَن فِي ٱلۡأَرۡضِ جَمِيعٗا وَلِلَّهِ مُلۡكُ ٱلسَّمَٰوَٰتِ وَٱلۡأَرۡضِ وَمَا بَيۡنَهُمَاۚ يَخۡلُقُ مَا يَشَآءُۚ وَٱللَّهُ عَلَىٰ كُلِّ شَيۡءٖ قَدِيرٌ﴾[1].

2 - بيّن حكم لفظ الجلالة (تفخيم - ترقيق) في الآيات الآتية:

	الآية	الحكم	السبب
1-	يَوۡمَ يَبۡعَثُهُمُ ٱللَّهُ جَمِيعٗا		
2-	لَوۡلَا يُعَذِّبُنَا ٱللَّهُ		
3-	ذَٰلِكَ لِتُؤۡمِنُواْ بِٱللَّهِ وَرَسُولِهِۦ		
4-	وَٱتَّقُواْ ٱللَّهَ ٱلَّذِيٓ إِلَيۡهِ تُحۡشَرُونَ		
5-	فَصَدُّواْ عَن سَبِيلِ ٱللَّهِ		
6-	وَلِلَّهِ مُلۡكُ ٱلسَّمَٰوَٰتِ وَٱلۡأَرۡضِ		
7-	بَرَآءَةٞ مِّنَ ٱللَّهِ وَرَسُولِهِۦ		
8-	يَٰبُنَيَّ لَا تُشۡرِكۡ بِٱللَّهِ		

---

[1] سورة المائدة، الآيات 14-17.

9-	إِلَىٰ صِرَٰطِ ٱلْعَزِيزِ ٱلْحَمِيدِ ۞ ٱللَّهِ ٱلَّذِى لَهُۥ مَا فِى ٱلسَّمَٰوَٰتِ		
10-	قُلِ ٱللَّهُمَّ فَاطِرَ ٱلسَّمَٰوَٰتِ وَٱلْأَرْضِ		
11-	وَمَنْ أَوْفَىٰ بِمَا عَٰهَدَ عَلَيْهُ ٱللَّهَ		

3 - بيّن حكم لفظ الجلالة في الآية الآتية:

﴿لَّا تَجِدُ قَوْمًا يُؤْمِنُونَ بِٱللَّهِ وَٱلْيَوْمِ ٱلْأَخِرِ يُوَآدُّونَ مَنْ حَآدَّ ٱللَّهَ وَرَسُولَهُ وَلَوْ كَانُوٓا۟ ءَابَآءَهُمْ أَوْ أَبْنَآءَهُمْ أَوْ إِخْوَٰنَهُمْ أَوْ عَشِيرَتَهُمْ أُو۟لَٰٓئِكَ كَتَبَ فِى قُلُوبِهِمُ ٱلْإِيمَٰنَ وَأَيَّدَهُم بِرُوحٍ مِّنْهُ وَيُدْخِلُهُمْ جَنَّٰتٍ تَجْرِى مِن تَحْتِهَا ٱلْأَنْهَٰرُ خَٰلِدِينَ فِيهَا رَضِىَ ٱللَّهُ عَنْهُمْ وَرَضُوا۟ عَنْهُ أُو۟لَٰٓئِكَ حِزْبُ ٱللَّهِ أَلَآ إِنَّ حِزْبَ ٱللَّهِ هُمُ ٱلْمُفْلِحُونَ﴾[1]

السبب	الحكم	الكلمة	
		يُؤْمِنُونَ بِٱللَّهِ	1-
		حَآدَّ ٱللَّهَ	2-
		رَضِىَ ٱللَّهُ	3-
		حِزْبُ ٱللَّهِ	4-
		حِزْبَ ٱللَّهِ	5-

4- بيّن حكم الراء في الكلمات الآتية:

السبب	الحكم	الكلمة	
		لَّا تُدْرِكُهُ	1-
		ٱلرِّيحِ	2-
		يَغْفِرْ لَكُمْ	3-
		يَٰمَرْيَمُ ٱقْنُتِى	4-
		أُرْسِلْتُمْ بِه	5-
		ٱلْكَوْثَرْ	6-

---

(1) سورة المجادلة، الآية 22.

أحكامُ المَدِّ

أهداف الدرس

على المتعلّم مع نهاية هذا الدرس أن:

1 . يعرف أحرفَ المدِّ الثلاثة، ويعرف شرطَها.

2 . يميّز بين المدّ الأصليّ والمدّ الفرعيّ.

3 . يعرف المواضع التي يسقط فيها المدّ.

تعريف المدّ:

المدُّ هوَ إطالةُ الصوتِ بأحدِ أحرفِ المدِّ الثلاثةِ، وهي:

1 - ألفٌ ساكنةٌ مفتوحٌ ما قبلَهَا:

﴿قَالَ رَبِّ هَبْ لِي مِن لَّدُنكَ ذُرِّيَّةً طَيِّبَةً﴾ [1].

2 - واوٌ ساكنةٌ مضمومٌ ما قبلَهَا:

﴿يَـٰٓأَيُّهَا ٱلَّذِينَ ءَامَنُوٓاْ كُونُوٓاْ أَنصَارَ ٱللَّهِ﴾ [2].

3 - ياءٌ ساكنةٌ مكسورٌ ما قبلَهَا:

﴿يَهْدِى بِهِۦ مَن يَشَآءُ﴾ [3].

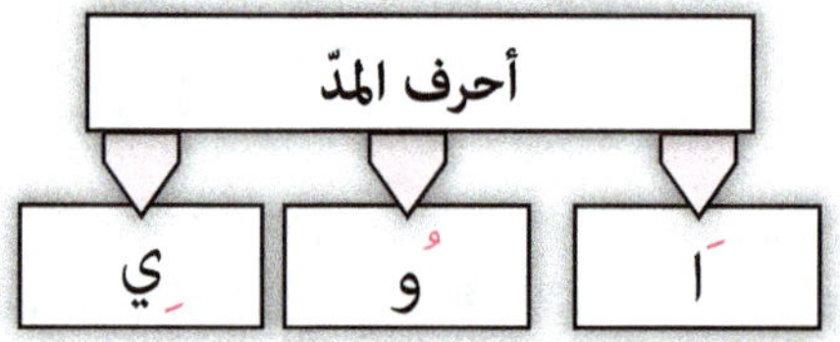

أقسام المدّ:

1 - المدُّ الأصليُّ:

ويُسمَّى بالمدِّ الطبيعيِّ، وَيُمَدُّ بمقدارِ حركتينِ وصلاً ووقفاً، ولا يتوقَّفُ على سببٍ مِنْ همزٍ أو سكونٍ:

﴿حَتَّىٰ عَادَ كَٱلْعُرْجُونِ ٱلْقَدِيمِ﴾ [4].

---

(1) سورة آل عمران، الآية 38.

(2) سورة الصف، الآية 14.

(3) سورة الأنعام، الآية 88.

(4) سورة يس، الآية 39.

2 - المدُّ الفرعيُّ:

هو ما زادَ على المدِّ الطبيعيِّ، ويقعُ إذا جاءَ بعدَ حرفِ المدِّ **همزةٌ أو سكونٌ**

﴿ وَٱلسَّمَآءَ رَفَعَهَا وَوَضَعَ ٱلْمِيزَانَ ﴾ [1].

﴿ يَـٰٓأَيُّهَا ٱلنَّاسُ ﴾ [2].

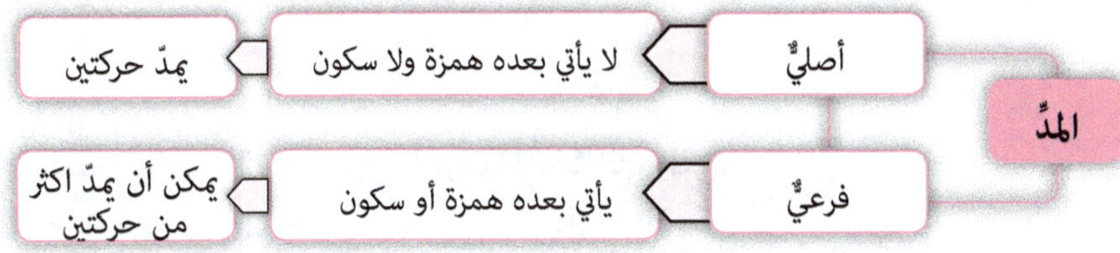

• تبصرةٌ:

أيُّ نوعٍ مِنْ أنواعِ المدِّ، إنْ كان طبيعيّاً أو فرعياً، فإنّه يسقطُ في حالتين:

1- إذا أتى بعد حرفِ المدِّ همزةُ وصلٍ:

﴿ وَٱسْتَبَقَا ٱلْبَابَ ﴾ [3].

﴿ فَٱقْتُلُوا۟ ٱلْمُشْرِكِينَ ﴾ [4] (حرف المدّ هنا الواوُ، لا الألف).

﴿ وَأَنَّ ٱللَّهَ مُخْزِى ٱلْكَـٰفِرِينَ ﴾ [5].

2 - إذا جاء الهمزُ على حرفِ المدِّ:

﴿ فَلَا يَـأْمَنُ مَكْرَ ٱللَّهِ إِلَّا ٱلْقَوْمُ ٱلْخَـٰسِرُونَ ﴾ [6].

﴿ إِنَّمَا ٱلْمُؤْمِنُونَ إِخْوَةٌ فَأَصْلِحُوا۟ بَيْنَ أَخَوَيْكُمْ ﴾ [7].

---

(1) سورة الرحمن، الآية 7.

(2) سورة البقرة، الآية 21.

(3) سورة يوسف، الآية 25.

(4) سورة التوبة، الآية 5.

(5) سورة التوبة، الآية 2.

(6) سورة الأعراف، الآية 99.

(7) سورة الحجرات، الآية 10.

تطبيقات

﴿ٱلْحَمْدُ لِلَّهِ فَاطِرِ ٱلسَّمَوَٰتِ وَٱلْأَرْضِ جَاعِلِ ٱلْمَلَـٰٓئِكَةِ رُسُلًا أُوْلِىٓ أَجْنِحَةٍ مَّثْنَىٰ وَثُلَـٰثَ وَرُبَـٰعَ يَزِيدُ فِى ٱلْخَلْقِ مَا يَشَآءُ إِنَّ ٱللَّهَ عَلَىٰ كُلِّ شَىْءٍ قَدِيرٌ﴾[1].

السبب	نوع المدّ	الكلمة
ألف ساكنة قبلها فتحة، وليس بعدها همزٌ ولا سكون	طبيعي	فَاطِرِ
واو ساكنة قبلها ضمة، وليس بعدها همزٌ ولا سكون	طبيعي	ٱلسَّمَوَٰتِ
ألف ساكنة قبلها فتحة، وليس بعدها همزٌ ولا سكون	طبيعي	جَاعِلِ
ألف ساكنة قبلها فتحة، وبعدها همزة	فرعي	ٱلْمَلَـٰٓئِكَةِ
ياء ساكنة قبلها كسرة، وبعدها همزة	فرعي	أُوْلِىٓ أَجْنِحَةٍ
ألف ساكنة قبلها فتحة، وليس بعدها همزٌ ولا سكون	طبيعي	مَّثْنَىٰ
ألف ساكنة قبلها فتحة، وليس بعدها همزٌ ولا سكون	طبيعي	وَثُلَـٰثَ
ألف ساكنة قبلها فتحة، وليس بعدها همزٌ ولا سكون	طبيعي	وَرُبَـٰعَ
ياء ساكنة قبلها كسرة، وليس بعدها همزٌ ولا سكون	طبيعي	يَزِيدُ
ألف ساكنة قبلها فتحة، وبعدها همزة	فرعي	يَشَآءُ
ألف ساكنة قبلها فتحة، وليس بعدها همزٌ ولا سكون	طبيعي	عَلَىٰ
ياء ساكنة قبلها كسرة، وليس بعدها همزٌ ولا سكون	طبيعي	قَدِيرٌ

---

[1] سورة فاطر، الآية 1.

تمارين

تمارين حول المدّ الطبيعيّ والمدّ الفرعيّ:

نقرأ هذه الصفحةَ مع تمييز المدّ الطبيعيّ من المدّ الفرعيّ.

﴿وَسَارِعُوٓاْ إِلَىٰ مَغْفِرَةٖ مِّن رَّبِّكُمْ وَجَنَّةٍ عَرْضُهَا ٱلسَّمَٰوَٰتُ وَٱلْأَرْضُ أُعِدَّتْ لِلْمُتَّقِينَ ۝ ٱلَّذِينَ يُنفِقُونَ فِي ٱلسَّرَّآءِ وَٱلضَّرَّآءِ وَٱلْكَٰظِمِينَ ٱلْغَيْظَ وَٱلْعَافِينَ عَنِ ٱلنَّاسِ وَٱللَّهُ يُحِبُّ ٱلْمُحْسِنِينَ ۝ وَٱلَّذِينَ إِذَا فَعَلُواْ فَٰحِشَةً أَوْ ظَلَمُوٓاْ أَنفُسَهُمْ ذَكَرُواْ ٱللَّهَ فَٱسْتَغْفَرُواْ لِذُنُوبِهِمْ وَمَن يَغْفِرُ ٱلذُّنُوبَ إِلَّا ٱللَّهُ وَلَمْ يُصِرُّواْ عَلَىٰ مَا فَعَلُواْ وَهُمْ يَعْلَمُونَ ۝ أُوْلَٰٓئِكَ جَزَآؤُهُم مَّغْفِرَةٞ مِّن رَّبِّهِمْ وَجَنَّٰتٞ تَجْرِى مِن تَحْتِهَا ٱلْأَنْهَٰرُ خَٰلِدِينَ فِيهَا وَنِعْمَ أَجْرُ ٱلْعَٰمِلِينَ ۝ قَدْ خَلَتْ مِن قَبْلِكُمْ سُنَنٞ فَسِيرُواْ فِي ٱلْأَرْضِ فَٱنظُرُواْ كَيْفَ كَانَ عَٰقِبَةُ ٱلْمُكَذِّبِينَ ۝ هَٰذَا بَيَانٞ لِّلنَّاسِ وَهُدًى وَمَوْعِظَةٞ لِّلْمُتَّقِينَ ۝ وَلَا تَهِنُواْ وَلَا تَحْزَنُواْ وَأَنتُمُ ٱلْأَعْلَوْنَ إِن كُنتُم مُّؤْمِنِينَ ۝ إِن يَمْسَسْكُمْ قَرْحٞ فَقَدْ مَسَّ ٱلْقَوْمَ قَرْحٞ مِّثْلُهُۥۚ وَتِلْكَ ٱلْأَيَّامُ نُدَاوِلُهَا بَيْنَ ٱلنَّاسِ وَلِيَعْلَمَ ٱللَّهُ ٱلَّذِينَ ءَامَنُواْ وَيَتَّخِذَ مِنكُمْ شُهَدَآءَۗ وَٱللَّهُ لَا يُحِبُّ ٱلظَّٰلِمِينَ﴾[1].

---

(1) سورة آل عمران، الآيات 133-140.

المدُّ المتعلّقُ بالهمزِ

أهداف الدرس

على المتعلّم مع نهاية هذا الدرس أن:

1 . يميّزُ المدَّ المتّصلَ من المدِّ المنفصل.

2 . يعرف مقدارَ مدِّ كلٍّ من المدّين.

3 . يتعرّف إلى مدِّ البدل، ويعرف مقدارَ مدِّه.

مقدمة

إذا جاءَ بعدَ حرفِ المدِّ همزةٌ، فإمّا أنْ يجتمعَ المدُّ والهمزةُ في كلمةٍ، وإما أنْ ينفصلا في كلمتينِ: فإذا اتّصلا يُسمَّى المدُّ متّصلاً، وإذا انفصلا يُسمَّى المدُّ منفصلاً.

المدُّ المتّصلُ:

هو اتّصالُ المدِّ والهمزِ في كلمةٍ واحدةٍ. ويُمدُّ بمقدار 4 حركات.

﴿وَٱلسَّمَآءِ ذَاتِ ٱلۡبُرُوجِ﴾ [1].

﴿إِلَّا مَن ظَلَمَ ثُمَّ بَدَّلَ حُسۡنًا بَعۡدَ سُوٓءٍ فَإِنِّي غَفُورٞ رَّحِيمٞ﴾ [2].

﴿فَلَمَّا رَأَوۡهُ زُلۡفَةً سِيٓـَٔتۡ وُجُوهُ ٱلَّذِينَ كَفَرُواْ﴾ [3].

المدُّ المنفصلُ:

هو أن يأتي حرفُ المدِّ في آخرِ الكلمةِ الأولى وتأتي همزةُ القطعِ في أولِ الكلمةِ التي تليها. ويُمدّ بمقدار 4 حركات.

﴿ٱلَّذِينَ يُؤۡمِنُونَ بِمَآ أُنزِلَ﴾ [4].

﴿قَالُوٓاْ إِنَّا تَطَيَّرۡنَا بِكُمۡ﴾ [5].

﴿وَفِيٓ أَنفُسِكُمۡۚ أَفَلَا تُبۡصِرُونَ﴾ [6].

---

(1) سورة البروج، الآية 1.

(2) سورة النمل، الآية 11.

(3) سورة الملك، الآية 27.

(4) سورة البقرة، الآية 4.

(5) سورة يس، الآية 18.

(6) سورة الذاريات، الآية 21.

تبصرةٌ:

إذا أَتَتِ الهمزةُ قبلَ حرفِ المدِّ، فإنَّ المدَّ هنا يُسمَّى مدَّ بدلٍ، وَيمدُّ حركتين:

﴿إِنَّ ٱلَّذِينَ ءَامَنُوا۟ وَعَمِلُوا۟ ٱلصَّٰلِحَٰتِ سَيَجْعَلُ لَهُمُ ٱلرَّحْمَٰنُ وُدًّا﴾ [1].

﴿وَإِقَامَ ٱلصَّلَوٰةِ وَإِيتَآءَ ٱلزَّكَوٰةِ﴾ [2].

﴿قَالُوٓا۟ أُوذِينَا مِن قَبْلِ أَن تَأْتِيَنَا﴾ [3].

المدّ المتوقّف على همز

مدّ بدل	مدّ منفصل	مدّ متّصل

---

(1) سورة مريم، الآية 96.

(2) سورة الأنبياء، الآية 73.

(3) سورة الأعراف، الآية 129.

تطبيقات

﴿إِنَّمَا مَثَلُ ٱلْحَيَوٰةِ ٱلدُّنْيَا كَمَآءٍ أَنزَلْنَٰهُ مِنَ ٱلسَّمَآءِ فَٱخْتَلَطَ بِهِۦ نَبَاتُ ٱلْأَرْضِ مِمَّا يَأْكُلُ ٱلنَّاسُ وَٱلْأَنْعَٰمُ حَتَّىٰٓ إِذَآ أَخَذَتِ ٱلْأَرْضُ زُخْرُفَهَا وَٱزَّيَّنَتْ وَظَنَّ أَهْلُهَآ أَنَّهُمْ قَٰدِرُونَ عَلَيْهَآ أَتَىٰهَآ أَمْرُنَا لَيْلًا أَوْ نَهَارًا فَجَعَلْنَٰهَا حَصِيدًا كَأَن لَّمْ تَغْنَ بِٱلْأَمْسِ كَذَٰلِكَ نُفَصِّلُ ٱلْءَايَٰتِ لِقَوْمٍ يَتَفَكَّرُونَ﴾[1].

السبب	نوع المدّ	الكلمة
ألف ساكنة وقبلها فتحة، وبعدها همزة في كلمة واحدة	مدّ متّصل	كَمَآءٍ
ألف ساكنة وقبلها فتحة، وبعدها همزة في كلمة واحدة	مدّ متّصل	ٱلسَّمَآءِ
ألف ساكنة وقبلها فتحة، وبعدها همزة في بداية الكلمة الثانية	مدّ منفصل	حَتَّىٰٓ إِذَآ
ألف ساكنة وقبلها فتحة، وبعدها همزة في بداية الكلمة الثانية	مدّ منفصل	إِذَآ أَخَذَتِ
ألف ساكنة وقبلها فتحة، وبعدها همزة في بداية الكلمة الثانية	مدّ منفصل	أَهْلُهَآ أَنَّهُمْ
ألف ساكنة وقبلها فتحة، وبعدها همزة في بداية الكلمة الثانية	مدّ منفصل	عَلَيْهَآ أَتَىٰهَآ
ألف ساكنة وقبلها فتحة، وبعدها همزة في بداية الكلمة الثانية	مدّ منفصل	أَتَىٰهَآ أَمْرُنَا
جاءت الهمزة قبل حرف المدّ (ءا)	مدّ بدل	ٱلْءَايَٰتِ

---

(1) سورة يونس، الآية 24.

تمارين

تمارين حول أحكامِ المدِّ المتصلِ والمدِّ المنفصلِ ومدِّ البدل:

1 - نقرأُ هذه الصفحةَ مع تطبيق أحكامِ المدِّ المتصلِ والمدِّ المنفصلِ ومدِّ البدل.

﴿وَلَوْ أَنَّا كَتَبْنَا عَلَيْهِمْ أَنِ اقْتُلُوٓاْ أَنفُسَكُمْ أَوِ اخْرُجُواْ مِن دِيَٰرِكُم مَّا فَعَلُوهُ إِلَّا قَلِيلٌ مِّنْهُمْ وَلَوْ أَنَّهُمْ فَعَلُواْ مَا يُوعَظُونَ بِهِۦ لَكَانَ خَيْرًا لَّهُمْ وَأَشَدَّ تَثْبِيتًا ۝ وَإِذًا لَّآتَيْنَٰهُم مِّن لَّدُنَّآ أَجْرًا عَظِيمًا ۝ وَلَهَدَيْنَٰهُمْ صِرَٰطًا مُّسْتَقِيمًا ۝ وَمَن يُطِعِ اللَّهَ وَالرَّسُولَ فَأُوْلَٰٓئِكَ مَعَ الَّذِينَ أَنْعَمَ اللَّهُ عَلَيْهِم مِّنَ النَّبِيِّـۧنَ وَالصِّدِّيقِينَ وَالشُّهَدَآءِ وَالصَّٰلِحِينَ وَحَسُنَ أُوْلَٰٓئِكَ رَفِيقًا ۝ ذَٰلِكَ الْفَضْلُ مِنَ اللَّهِ وَكَفَىٰ بِاللَّهِ عَلِيمًا ۝ يَٰٓأَيُّهَا الَّذِينَ ءَامَنُواْ خُذُواْ حِذْرَكُمْ فَانفِرُواْ ثُبَاتٍ أَوِ انفِرُواْ جَمِيعًا ۝ وَإِنَّ مِنكُمْ لَمَن لَّيُبَطِّئَنَّ فَإِنْ أَصَٰبَتْكُم مُّصِيبَةٌ قَالَ قَدْ أَنْعَمَ اللَّهُ عَلَيَّ إِذْ لَمْ أَكُن مَّعَهُمْ شَهِيدًا ۝ وَلَئِنْ أَصَٰبَكُمْ فَضْلٌ مِّنَ اللَّهِ لَيَقُولَنَّ كَأَن لَّمْ تَكُن بَيْنَكُمْ وَبَيْنَهُۥ مَوَدَّةٌ يَٰلَيْتَنِي كُنتُ مَعَهُمْ فَأَفُوزَ فَوْزًا عَظِيمًا ۝ ۞ فَلْيُقَٰتِلْ فِي سَبِيلِ اللَّهِ الَّذِينَ يَشْرُونَ الْحَيَوٰةَ الدُّنْيَا بِالْآخِرَةِ وَمَن يُقَٰتِلْ فِي سَبِيلِ اللَّهِ فَيُقْتَلْ أَوْ يَغْلِبْ فَسَوْفَ نُؤْتِيهِ أَجْرًا عَظِيمًا﴾ [1].

2 - بيّن نوع المد ومقدار مدّه في الكلمات الآتية:

مقدار المد	نوع المد	الكلمة	
		قُوٓاْ أَنفُسَكُمْ	1 -
		فَكُلُوهُ هَنِيٓـًٔا	2 -
		إِسْرَٰٓءِيلَ	3 -
		فِي أَعْنَٰقِهِمْ	4 -
		السَّمَآءِ	5 -
		يَٰٓأَيُّهَا النَّاسُ	6 -
		لَآ أَعْبُدُ	7 -
		وَأُوتِينَا الْعِلْمَ	8 -
		أَجَعَلَ الْآلِهَةَ إِلَٰهًا وَٰحِدًا	9 -

---

(1) سورة النساء، الآيات 66-74.

المدُّ اللازمُ ومَدُّ الصِّلةِ

أهداف الدرس

على المتعلّم مع نهاية هذا الدرس أن:

1. يتعرَّف إلى المدِّ اللازم، ويعرف مقدار مدِّه.

2. يعرف قِسْمَي المدِّ اللازم.

3. يتعرَّف إلى مدِّ الصلة، ويعرف مقدارَ مدِّه، ويميِّز الصلةَ الكبرى من الصلةِ الصغرى.

المدُّ اللازمُ:

هو ما جاءَ فيه بعدَ حرفِ الــمــدِّ سكونٌ لازمٌ مِنْ أصلِ بُنيةِ الكلمةِ، وسُمِّيَ مـدّاً لازماً للـزوم مـدِّهِ 6 حركاتٍ.

ويُقسمُ المدُّ اللازمُ إلى قسمينِ: كَلِميٍّ وحَرْفيٍّ، لكنْ نحنُ سوف نأخذُ المدَّ اللازمَ الكلميَّ فقطْ، بقسميهِ: المثقَّل والمخفَّف.

1 – المدُّ اللازمُ الكلميُّ المثقَّلُ:

هو ما جاء فيه بعدَ حرف المدِّ حرفٌ مشدَّدٌ في الكلمة نفسها، ويُمدُّ ستَّ حركاتٍ لزوماً. وَسُمِّيَ «كَلِميّاً» لمجيئهِ في كلمةٍ واحدةٍ، و«مُثَقَّلاً» لأنَّهُ ثُقِّلَ بالتشديدِ:

﴿ٱلْحَآقَّةُ ۝ مَا ٱلْحَآقَّةُ﴾ [1].

﴿قُلْ أَفَغَيْرَ ٱللَّهِ تَأْمُرُوٓنِّىٓ أَعْبُدُ أَيُّهَا ٱلْجَٰهِلُونَ﴾ [2].

﴿قَالَ أَتُحَٰٓجُّوٓنِّى فِى ٱللَّهِ وَقَدْ هَدَىٰنِ﴾ [3].

2 – المدُّ اللازمُ الكلميُّ المخفَّفُ:

هو ما جاءَ فيه بعدَ حرف المدِّ سكونٌ لازمٌ في كلمةٍ، ويُمدُّ ستَّ حركاتٍ. ولمْ يردْ في القرآنِ إلّا في كلمةٍ واحدةٍ، كُرِّرَتْ مرتينِ في سورةِ يونس:

﴿أَثُمَّ إِذَا مَا وَقَعَ ءَامَنتُم بِهِۦٓ ءَآلْـَٰٔنَ وَقَدْ كُنتُم بِهِۦ تَسْتَعْجِلُونَ﴾ [4].

﴿ءَآلْـَٰٔنَ وَقَدْ عَصَيْتَ قَبْلُ وَكُنتَ مِنَ ٱلْمُفْسِدِينَ﴾ [5].

---

(1) سورة الحاقة، الآيتان 1-2.

(2) سورة الزمر، الآية 64.

(3) سورة الأنعام، الآية 80.

(4) سورة يونس، الآية 51.

(5) سورة يونس، الآية 91.

المدُّ اللازمُ الكَلِميّ

مخفَّفٌ   مثقَّلٌ

مدُّ الصِّلةِ:

هو مدُّ هاءِ الضميرِ المفردِ الغائبِ المذكَّرِ المتحرِّكةِ بضمٍّ أو كسرٍ، والواقعةِ بين متحرِّكَينِ. فتوصَلُ بـ «واوٍ» إذا كانت مضمومةً، وتوصلُ بـ «ياءٍ» إذا كانت مكسورةً.

أقسامُ مدّ الصِّلةِ:

1 - مدُّ الصِّلةِ الصغرى:

هو أنْ تأتيَ هـــاءُ الضمــيرِ متحرِّكةً بين متحرِّكينِ، ولا يأتي بعدها هـــمزٌ. وتُمَدُّ مقدارَ حركتين وصلاً:

﴿إِنَّهُۥ مِنَ ٱلصَّٰلِحِينَ﴾ [1] - تُقرأ هكذا (إنّهو من).

﴿يَهۡدِى ٱللَّهُ لِنُورِهِۦ مَن يَشَآءُ﴾ [2] - تُقرأ هكذا (لنورهي من).

2 - مدُّ الصِّلةِ الكبرى:

هو أن تأتيَ هـــاءُ الضمــيرِ متحرِّكةً بين متحرِّكَينِ، ويأتي بعدَها هـــمزةُ قطعٍ. وتُمَدُّ مقدارَ أربعِ حركات:

﴿وَوَهَبۡنَا لَهُۥ إِسۡحَٰقَ وَيَعۡقُوبَ﴾ [3] - تُقرأ هكذا (لهو إسحاق)، مع مدّ الواو 4 حركات.

﴿فَتَمَّ مِيقَٰتُ رَبِّهِۦ أَرۡبَعِينَ لَيۡلَةً﴾ [4] - تُقرأ هكذا (ربهي أربعين)، مع مدّ الياء 4 حركات.

---

(1) سورة الأنبياء، الآية 75.

(2) سورة النور، الآية 35.

(3) سورة الأنعام، الآية 84.

(4) سورة الأعراف، الآية 142.

مدُّ الصلةِ

مدُّ صلةٍ كبرى   مدُّ صلةٍ صغرى

مثالٌ يجمعُ قسمَي مدِّ الصلة:

﴿قَالَ نُوحٌ رَّبِّ إِنَّهُمْ عَصَوْنِي وَاتَّبَعُوا مَن لَّمْ يَزِدْهُ مَالُهُۥ وَوَلَدُهُۥٓ إِلَّا خَسَارًا﴾[1].

يَزِدْهُ مَالُهُ: لا مدّ (لأنَّ ما قبلها ساكن).

مَالُهُۥ وَوَلَدُهُ: صلة صغرى.

وَوَلَدُهُۥٓ إِلَّا: صلة كبرى.

---

(1) سورة نوح، الآية 21.

تطبيقات

﴿وَحَاجَّهُۥ قَوْمُهُۥ قَالَ أَتُحَـٰجُّوٓنِّي فِي ٱللَّهِ وَقَدْ هَدَىٰنِ وَلَآ أَخَافُ مَا تُشْرِكُونَ بِهِۦٓ إِلَّآ أَن يَشَآءَ رَبِّي شَيْـًٔا وَسِعَ رَبِّي كُلَّ شَيْءٍ عِلْمًا أَفَلَا تَتَذَكَّرُونَ﴾[1]

﴿وَأَنجَيْنَا مُوسَىٰ وَمَن مَّعَهُۥٓ أَجْمَعِينَ ٦٥ ثُمَّ أَغْرَقْنَا ٱلْأَخَرِينَ ٦٦ إِنَّ فِي ذَٰلِكَ لَآيَةً وَمَا كَانَ أَكْثَرُهُم مُّؤْمِنِينَ ٦٧ وَإِنَّ رَبَّكَ لَهُوَ ٱلْعَزِيزُ ٱلرَّحِيمُ ٦٨ وَٱتْلُ عَلَيْهِمْ نَبَأَ إِبْرَاهِيمَ ٦٩ إِذْ قَالَ لِأَبِيهِ وَقَوْمِهِۦ مَا تَعْبُدُونَ﴾[2].

السبب	نوع المدّ	الكلمة
ألف ساكنة وقبلها فتحة وبعدها شدّة	مدّ لازم	وَحَاجَّهُ
ألف ساكنة وقبلها فتحة وبعدها شدّة	مدّ لازم	أَتُحَـٰجُّوٓنِّي
واو ساكنة وقبلها ضمة وبعدها شدّة	مدّ لازم	أَتُحَـٰجُّوٓنِّي
هاء الضمير المتحركة بين متحركين، وبعدها همزة	مدّ صلة كبرى	مَعَهُۥٓ أَجْمَعِينَ
لأنَّ ما قبل هاء الضمير ساكن	لا مدّ	لِأَبِيهِ وَقَوْمِهِۦ
هاء الضمير المتحركة بين متحركين، وليس بعدها همزة	مدّ صلة صغرى	وَقَوْمِهِۦ مَا

---

(1) سورة الأنعام، الآية 80.

(2) سورة الشعراء، الآيات 65-70.

تمارين

تمارين حول أحكامِ المدِّ اللازم ومدّ الصلة:

1- نقرأ هذه الصفحةَ مع تطبيق أحكام المدِّ اللازم ومدّ الصلة.

﴿قَالَ قَدْ أُجِيبَت دَّعْوَتُكُمَا فَٱسْتَقِيمَا وَلَا تَتَّبِعَآنِّ سَبِيلَ ٱلَّذِينَ لَا يَعْلَمُونَ ۝ وَجَٰوَزْنَا بِبَنِي إِسْرَٰٓءِيلَ ٱلْبَحْرَ فَأَتْبَعَهُمْ فِرْعَوْنُ وَجُنُودُهُۥ بَغْيًا وَعَدْوًا حَتَّىٰٓ إِذَآ أَدْرَكَهُ ٱلْغَرَقُ قَالَ ءَامَنتُ أَنَّهُۥ لَآ إِلَٰهَ إِلَّا ٱلَّذِىٓ ءَامَنَتْ بِهِۦ بَنُوٓاْ إِسْرَٰٓءِيلَ وَأَنَا۠ مِنَ ٱلْمُسْلِمِينَ ۝ ءَآلْـَٰٔنَ وَقَدْ عَصَيْتَ قَبْلُ وَكُنتَ مِنَ ٱلْمُفْسِدِينَ ۝ فَٱلْيَوْمَ نُنَجِّيكَ بِبَدَنِكَ لِتَكُونَ لِمَنْ خَلْفَكَ ءَايَةً وَإِنَّ كَثِيرًا مِّنَ ٱلنَّاسِ عَنْ ءَايَٰتِنَا لَغَٰفِلُونَ ۝ وَلَقَدْ بَوَّأْنَا بَنِىٓ إِسْرَٰٓءِيلَ مُبَوَّأَ صِدْقٍ وَرَزَقْنَٰهُم مِّنَ ٱلطَّيِّبَٰتِ فَمَا ٱخْتَلَفُواْ حَتَّىٰ جَآءَهُمُ ٱلْعِلْمُ إِنَّ رَبَّكَ يَقْضِى بَيْنَهُمْ يَوْمَ ٱلْقِيَٰمَةِ فِيمَا كَانُواْ فِيهِ يَخْتَلِفُونَ ۝ فَإِن كُنتَ فِى شَكٍّ مِّمَّآ أَنزَلْنَآ إِلَيْكَ فَسْـَٔلِ ٱلَّذِينَ يَقْرَءُونَ ٱلْكِتَٰبَ مِن قَبْلِكَ لَقَدْ جَآءَكَ ٱلْحَقُّ مِن رَّبِّكَ فَلَا تَكُونَنَّ مِنَ ٱلْمُمْتَرِينَ ۝ وَلَا تَكُونَنَّ مِنَ ٱلَّذِينَ كَذَّبُواْ بِـَٔايَٰتِ ٱللَّهِ فَتَكُونَ مِنَ ٱلْخَٰسِرِينَ ۝ إِنَّ ٱلَّذِينَ حَقَّتْ عَلَيْهِمْ كَلِمَتُ رَبِّكَ لَا يُؤْمِنُونَ ۝ وَلَوْ جَآءَتْهُمْ كُلُّ ءَايَةٍ حَتَّىٰ يَرَوُاْ ٱلْعَذَابَ ٱلْأَلِيمَ﴾[1].

2- بيّن نوع المد ومقدارَه في الكلمات الآتية:

مقدار المد	نوع المد	الكلمة	
		وَٱللَّهُ خَلَقَ كُلَّ دَآبَّةٍ مِّن مَّآءٍ	1 -
		إِنَّهُۥ ظَنَّ أَن لَّن يَحُورَ	2 -
		إِلَيْهِ ٱلْمَصِيرُ	3 -
		فَلَا كَاشِفَ لَهُۥٓ إِلَّا هُوَ	4 -
		ءَآلْـَٰٔنَ وَقَدْ كُنتُم بِهِۦ تَسْتَعْجِلُونَ	5 -
		وَقَٰتِلُواْ ٱلْمُشْرِكِينَ كَآفَّةً	6 -
		إِنَّهُۥ هُوَ ٱلْبَرُّ ٱلرَّحِيمُ	7 -
		فَإِذَا جَآءَتِ ٱلصَّآخَّةُ	8 -

الوقفُ والابتداءُ

أهداف الدرس

على المتعلّم مع نهاية هذا الدرس أن:

1. يعرف أهمية دراسة علم الوقف والابتداء.
2. يدرك متى يكون الوقفُ والابتداءُ مسموحَين، ومتى يكونا ممنوعَين.
3. يتعرَّف إلى رموز الوقف، ومعنى كلِّ رمزٍ منها.

مقدمة:

يُعتبرُ الوقفُ والابتداءُ، مِنْ حيثُ الأهميَّةُ، نصفَ الترتيل، حسبَما عرَّفَهُ أميرُ البلاغةِ الإمامُ عليٌّ عَلَيْهِ السَّلَامُ، حيثُ قالَ في تعريفِ الترتيلِ:

الترتيلُ: تجويدُ الحروفِ ومعرفةُ الوقوف.

فمعرفةُ الوقوفِ تعني ضبطَ عمليَّةِ الوقفِ والابتداءِ، حتى تكونَ الجملةُ واضحةَ المعنى دونَ خللٍ.

طبعاً هناكَ تفصيلاتٌ عديدةٌ في ما يخصُّ الوقفَ والابتداءَ، لكنْ نحن سوفَ نقتصرُ على قسمينِ فقطْ مِنَ الوقفِ والابتداءِ: قسمٌ مسموحٌ، وآخرُ ممنوعٌ.

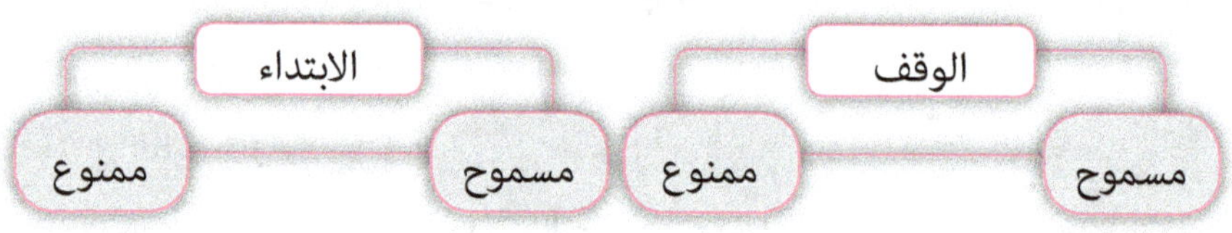

بدايةً نقولُ: إنَّنا، وبشكلٍ طبيعيٍّ، نبدأُ من أوَّلِ الآيةِ وننتهي عند آخرِها؛ أيْ نقفُ على نهايةِ الآية.

لكنْ، إذا كانتِ الآيةُ طويلةً، فكيف يكونُ الوقفُ والابتداءُ؟

هنا، لا بدَّ مِنْ مراعاةِ معنى الجملةِ الموقوفِ عليها عند الوقفِ؛ فلا نقفُ على كلمةٍ تخلُّ بالمعنى، أو نبدأُ بكلمةٍ تخلُّ بمعنى الآيةِ أيضاً.

أمثلةٌ حولَ ضبطِ عمليَّةِ الوقفِ:

المثال الأول: قال تعالى: ﴿لِلَّذِينَ ٱسْتَجَابُواْ لِرَبِّهِمُ ٱلْحُسْنَىٰ وَٱلَّذِينَ لَمْ يَسْتَجِيبُواْ لَهُۥ لَوْ أَنَّ لَهُم مَّا فِى ٱلْأَرْضِ جَمِيعًا وَمِثْلَهُۥ مَعَهُۥ لَٱفْتَدَوْاْ بِهِۦٓ﴾[1]

لو وقفنا على كلمة (لَهُ) فإنَّ ذلك سيترتب عليه اشتراك الذين لم يستجيبوا لله ولم يذعنوا لأحكامه مع الذين استجابوا له وأذعنوا لأوامره ونواهيه في الجزاء، ولا شك أن هذا الاشتراك باطلٌ.

فالوقفُ الصحيح يجب أن يكون على كلمة (الْحُسْنَى).

المثال الثاني: قال تعالى: ﴿فَإِنْ أَسْلَمُواْ فَقَدِ ٱهْتَدَواْ وَّإِن تَوَلَّوْاْ فَإِنَّمَا عَلَيْكَ ٱلْبَلَٰغُ﴾[2]

لو وقفنا في هذه الآية على كلمة (تَوَلَّوْاْ)، فإنَّ هذا يترتب عليه التسوية في الاهتداء بين مَن أسلم ومَن تولَّى عن الله، وهذا المعنى بيّن الفساد.

فالوقفُ الصحيحُ يجب أن يكون على كلمة (اهْتَدَواْ).

أمثلةٌ حولَ ضبطِ عمليَّةِ الابتداء:

المثال الأول: قال تعالى: ﴿لَّقَدْ كَفَرَ ٱلَّذِينَ قَالُوٓاْ إِنَّ ٱللَّهَ هُوَ ٱلْمَسِيحُ ٱبْنُ مَرْيَمَ﴾[3]

هنا لو ابتدأنا من كلمة (إِنَّ اللهَ) لكانَ إقراراً بأنَّ اللهَ هو المسيحُ ابنُ مريم! (تعالى الله عن ذلك علواً كبيراً).

المثال الثاني: قال تعالى: ﴿أَلَآ إِنَّهُم مِّنْ إِفْكِهِمْ لَيَقُولُونَ ۝ وَلَدَ ٱللَّهُ﴾[4]

وهنا أيضاً لو ابتدأنا من كلمة (وَلَدَ اللهُ) لكانَ إقراراً بأنَّ للهِ ولداً (والعياذ بالله)! قال تعالى: ﴿لَمْ يَلِدْ وَلَمْ يُولَدْ﴾[5].

لذلك وضعَ علماءُ التجويدِ رموزاً للوقفِ والابتداءِ، عَدَدُها ستَّةٌ، وسوف نذكرُها بالتفصيلِ لأهمِّيتها. ولا بدَّ للقارئ أنْ يلتزمَ بها.

---

(1) سورة الرعد، الآية 18 .

(2) سورة آل عمران، الآية 20.

(3) سورة المائدة، الآية 17.

(4) سورة الصافّات، الآيتان 151-152.

(5) سورة الإخلاص، الآية 3.

رموزُ الوقفِ:

م : علامةُ الوقفِ اللازمِ، وتوضعُ حيثُ يكونُ المعنى قدْ تمَّ، ولا يتَّضحُ إلّا بالوقفِ، وقدْ يؤدِّي عدمُ الوقفِ في هذه المواضعِ إلى التباسِ المعنى.

﴿فَتَوَلَّ عَنْهُمْ يَوْمَ يَدْعُ ٱلدَّاعِ إِلَىٰ شَىْءٍ نُّكُرٍ﴾[1].

لا : علامةُ الوقفِ الممنوعِ، بحيث لا يجوز الوقفُ على الكلمةِ والابتداءُ بما بعدها.

﴿ٱلَّذِينَ تَتَوَفَّىٰهُمُ ٱلْمَلَـٰٓئِكَةُ طَيِّبِينَ يَقُولُونَ سَلَـٰمٌ عَلَيْكُمُ﴾[2].

صلى : علامةُ الوقفِ الجائزِ مع أولويَّةِ الوصلِ.

﴿وَٱلَّذِينَ ءَامَنُواْ وَعَمِلُواْ ٱلصَّـٰلِحَـٰتِ أُوْلَـٰٓئِكَ أَصْحَـٰبُ ٱلْجَنَّةِ هُمْ فِيهَا خَـٰلِدُونَ﴾[3].

قلى : علامةُ الوقفِ الجائزِ مع أولويَّةِ الوقفِ.

﴿لَا يَسْتَوِىٓ أَصْحَـٰبُ ٱلنَّارِ وَأَصْحَـٰبُ ٱلْجَنَّةِ أَصْحَـٰبُ ٱلْجَنَّةِ هُمُ ٱلْفَآئِزُون﴾[4].

ج: علامةُ الوقفِ الجائزِ دونَ أولويَّةٍ للوصلِ أو الوقفِ.

﴿فَلَمَّا زَاغُوٓاْ أَزَاغَ ٱللَّهُ قُلُوبَهُمْ وَٱللَّهُ لَا يَهْدِى ٱلْقَوْمَ ٱلْفَـٰسِقِينَ﴾[5].

∴ ∴: علامةُ تَعانُقِ الوقفِ، بحيث إذا وقفَ القارئُ على أحدِ الموضعينِ فلا يقف على الموضع الثاني. وهي تدلُّ على جوازِ الوقفِ على أحدِهما .

كما أنه يجوزُ عدمُ الوقفِ على أيٍّ مِنَ الموضعينِ:

﴿ذَٰلِكَ ٱلْكِتَـٰبُ لَا رَيْبَ فِيهِ هُدًى لِّلْمُتَّقِينَ﴾[6].

ففي هذه الآية يجوز الوقف على كلمة (ريب) من دون الوقف على كلمة (فيه)، ويجوز الوقف على كلمة (فيه) من دون الوقف على كلمة (ريب)، كما يجوز قراءة الآية كلها بنفسٍ واحد. أمَّا إذا كانتِ الآيةُ طويلةً، ولمْ يكن هناك رمزٌ مِنْ هذهِ الرموزِ للوقفِ عليهِ، فإنَّنا نختارُ كلمةً مكمِّلةً للمعنى، ونقفُ عليها، ثمَّ نعيدُ من الكلمةِ التي يحسن الابتداءُ بها، ونكمل الآية.

---

(1) سورة القمر، الآية 6.

(2) سورة النحل، الآية 32.

(3) سورة البقرة، الآية 82.

(4) سورة الحشر، الآية 20.

(5) سورة الصف، الآية 5.

(6) سورة البقرة، الآية 2.

تطبيقات

﴿وَأُدْخِلَ ٱلَّذِينَ ءَامَنُواْ وَعَمِلُواْ ٱلصَّٰلِحَٰتِ جَنَّٰتٍ تَجۡرِى مِن تَحۡتِهَا ٱلۡأَنۡهَٰرُ خَٰلِدِينَ فِيهَا بِإِذۡنِ رَبِّهِمۡ تَحِيَّتُهُمۡ فِيهَا سَلَٰمٌ ۝ أَلَمۡ تَرَ كَيۡفَ ضَرَبَ ٱللَّهُ مَثَلًا كَلِمَةً طَيِّبَةً كَشَجَرَةٍ طَيِّبَةٍ أَصۡلُهَا ثَابِتٌ وَفَرۡعُهَا فِى ٱلسَّمَآءِ﴾[1]

الآية 23:

إذا لم نستطع قراءة الآية حتى آخرها، نقف على كلمة ﴿ٱلۡأَنۡهَٰرُ﴾، ثم نعيد من عند ﴿جَنَّٰتٍ تَجۡرِى مِن تَحۡتِهَا ٱلۡأَنۡهَٰرُ﴾ إلى كلمة ﴿رَبِّهِمۡ﴾ ومن ثم نكمل حتى نهاية الآية.

الآية 24:

إذا لم نستطع قراءة الآية حتى آخرها، نقف على كلمة ﴿كَشَجَرَةٍ طَيِّبَةٍ﴾، ومن ثم نعيد من عند ﴿كَشَجَرَةٍ طَيِّبَةٍ﴾ حتى نهاية الآية.

---

(1) سورة إبراهيم، الآيتان 23-24.

تمارين

تمارينُ حولَ الوقفِ والابتداءِ:

نقرأ هذه الصفحةَ مع مراعاةِ مَحالِّ الوقفِ والابتداءِ.

﴿يُرِيدُونَ أَن يَخْرُجُوا۟ مِنَ ٱلنَّارِ وَمَا هُم بِخَـٰرِجِينَ مِنْهَا ۖ وَلَهُمْ عَذَابٌ مُّقِيمٌ ۝ وَٱلسَّارِقُ وَٱلسَّارِقَةُ فَٱقْطَعُوٓا۟ أَيْدِيَهُمَا جَزَآءًۢ بِمَا كَسَبَا نَكَـٰلًا مِّنَ ٱللَّهِ ۗ وَٱللَّهُ عَزِيزٌ حَكِيمٌ ۝ فَمَن تَابَ مِنۢ بَعْدِ ظُلْمِهِۦ وَأَصْلَحَ فَإِنَّ ٱللَّهَ يَتُوبُ عَلَيْهِ ۗ إِنَّ ٱللَّهَ غَفُورٌ رَّحِيمٌ ۝ أَلَمْ تَعْلَمْ أَنَّ ٱللَّهَ لَهُۥ مُلْكُ ٱلسَّمَـٰوَٰتِ وَٱلْأَرْضِ يُعَذِّبُ مَن يَشَآءُ وَيَغْفِرُ لِمَن يَشَآءُ ۗ وَٱللَّهُ عَلَىٰ كُلِّ شَىْءٍ قَدِيرٌ ۝ ۞ يَـٰٓأَيُّهَا ٱلرَّسُولُ لَا يَحْزُنكَ ٱلَّذِينَ يُسَـٰرِعُونَ فِى ٱلْكُفْرِ مِنَ ٱلَّذِينَ قَالُوٓا۟ ءَامَنَّا بِأَفْوَٰهِهِمْ وَلَمْ تُؤْمِن قُلُوبُهُمْ ۛ وَمِنَ ٱلَّذِينَ هَادُوا۟ ۛ سَمَّـٰعُونَ لِلْكَذِبِ سَمَّـٰعُونَ لِقَوْمٍ ءَاخَرِينَ لَمْ يَأْتُوكَ ۖ يُحَرِّفُونَ ٱلْكَلِمَ مِنۢ بَعْدِ مَوَاضِعِهِۦ ۖ يَقُولُونَ إِنْ أُوتِيتُمْ هَـٰذَا فَخُذُوهُ وَإِن لَّمْ تُؤْتَوْهُ فَٱحْذَرُوا۟ ۚ وَمَن يُرِدِ ٱللَّهُ فِتْنَتَهُۥ فَلَن تَمْلِكَ لَهُۥ مِنَ ٱللَّهِ شَيْـًٔا ۚ أُو۟لَـٰٓئِكَ ٱلَّذِينَ لَمْ يُرِدِ ٱللَّهُ أَن يُطَهِّرَ قُلُوبَهُمْ ۚ لَهُمْ فِى ٱلدُّنْيَا خِزْىٌ ۖ وَلَهُمْ فِى ٱلْءَاخِرَةِ عَذَابٌ عَظِيمٌ﴾[1].

---

(1) سورة المائدة، الآيات 37-41.

اصطلاحاتُ الضَّبط

اصطلاحاتُ الضبطِ هي عبارةٌ عن رموزٍ اصطلاحيّةٍ، أدرجَها علماءُ التجويدِ تسهيلاً على القارئِ. وهي ليست موجودةً في جميعِ المصاحفِ، بل تختلفُ بين مصحفٍ وآخرٍ؛ لذلك عمدَ العلماءُ إلى ذكرها في نهايةِ كلِّ مصحفٍ. وإليك ذكرَها وبيانَها:

1 - الميمُ الطويلةُ: م

فوقَ النونِ الساكنةِ، من دونِ السكونِ، أو بدلَ الحركةِ الثانيةِ مِنَ التنوينِ: تـدلُّ على قلبِ النونِ أو التنوينِ ميماً:

- ﴿ٱلَّذِينَ يَنقُضُونَ عَهْدَ ٱللَّهِ مِنۢ بَعْدِ مِيثَٰقِهِۦ وَيَقْطَعُونَ مَآ أَمَرَ ٱللَّهُ بِهِۦٓ أَن يُوصَلَ﴾[1].

- ﴿سَأَلَ سَآئِلٌۢ بِعَذَابٍ وَاقِعٍ﴾[2].

2 - الأحرفُ الصغيرةُ: و ۦ ا ن

وُضعت للدلالةِ على النطقِ بالحروفِ المتروكةِ:

- ﴿فَوَسْوَسَ لَهُمَا ٱلشَّيْطَٰنُ لِيُبْدِىَ لَهُمَا مَا وُۥرِىَ عَنْهُمَا مِن سَوْءَٰتِهِمَا﴾[3].

- ﴿إِۦلَٰفِهِمْ رِحْلَةَ ٱلشِّتَآءِ وَٱلصَّيْفِ﴾[4].

- ﴿إِنَّ وَلِۦِّىَ ٱللَّهُ ٱلَّذِى نَزَّلَ ٱلْكِتَٰبَ وَهُوَ يَتَوَلَّى ٱلصَّٰلِحِينَ﴾[5].

- ﴿فَٱسْتَجَبْنَا لَهُۥ وَنَجَّيْنَٰهُ مِنَ ٱلْغَمِّ وَكَذَٰلِكَ نُۨجِى ٱلْمُؤْمِنِينَ﴾[6].

---

(1) سورة البقرة، الآية 27.

(2) سورة المعارج، الآية 1.

(3) سورة الأعراف، الآية 20.

(4) سورة قريش، الآية 2.

(5) سورة الأعراف، الآية 196.

(6) سورة الأنبياء، الآية 88.

3 – إشارةُ المدِّ: ~

للدَّلالةِ على لزومِ المدِّ الزائدِ: المتّصل، المنفصل، اللازم

- ﴿وَأَنزَلَ مِنَ ٱلسَّمَآءِ مَآءً فَأَخْرَجَ بِهِۦ مِنَ ٱلثَّمَرَٰتِ رِزْقًا لَّكُمْ﴾[1].
- ﴿يَـٰٓأَيُّهَا ٱلَّذِينَ ءَامَنُواْ ٱسْتَعِينُواْ بِٱلصَّبْرِ وَٱلصَّلَوٰةِ إِنَّ ٱللَّهَ مَعَ ٱلصَّـٰبِرِينَ﴾[2].
- ﴿وَمَا مِن دَآبَّةٍ فِى ٱلْأَرْضِ وَلَا طَـٰٓئِرٍ يَطِيرُ بِجَنَاحَيْهِ إِلَّآ أُمَمٌ أَمْثَالُكُم﴾[3].

4 – السَّكْتُ: س

هو حبسُ النفَسِ قليلاً بنيَّةِ إكمالِ القراءةِ، مِنْ دونِ أخذِ نفَسٍ. ويُرمَزُ لهُ بحرفِ (س) صغيرٍ فوقَهُ. وذلكَ في أربعةِ مواضعَ في القرآنِ الكريمِ:

- سورة الكهف: ﴿ٱلْحَمْدُ لِلَّهِ ٱلَّذِىٓ أَنزَلَ عَلَىٰ عَبْدِهِ ٱلْكِتَـٰبَ وَلَمْ يَجْعَل لَّهُۥ عِوَجَا ۜ قَيِّمًا لِّيُنذِرَ بَأْسًا شَدِيدًا مِّن لَّدُنْهُ وَيُبَشِّرَ ٱلْمُؤْمِنِينَ ٱلَّذِينَ يَعْمَلُونَ ٱلصَّـٰلِحَـٰتِ﴾....[4].
- سورة يس: ﴿قَالُواْ يَـٰوَيْلَنَا مَنۢ بَعَثَنَا مِن مَّرْقَدِنَا ۜ هَـٰذَا مَا وَعَدَ ٱلرَّحْمَـٰنُ وَصَدَقَ ٱلْمُرْسَلُونَ﴾[5].
- سورة القيامة: ﴿وَقِيلَ مَنْ ۜ رَاقٍ﴾[6].
- سورة المطففين: ﴿كَلَّا ۜ بَلْ ۜ رَانَ عَلَىٰ قُلُوبِهِم مَّا كَانُواْ يَكْسِبُونَ﴾[7].

5 – سجدةُ التلاوةِ:

هي سجدةٌ واحدةٌ بعدَ تلاوةِ آيةٍ من آياتِ السجدةِ. وآياتُ السجداتِ في القرآنِ خمسَ عشرةَ آيةً، إلَّا أنَّ السجودَ واجبٌ عندَ قراءةٍ أو استماعِ أربعةٍ منها، وهي الآياتُ الموجودةُ في السورِ الآتيةِ: السجدة، فُصِّلت، النجم، العلق.

---

(1) سورة البقرة، الآية 22.

(2) سورة البقرة، الآية 153.

(3) سورة الأنعام، الآية 38.

(4) سورة الكهف، الآية 1.

(5) سورة يس، الآية 52.

(6) سورة القيامة، الآية 27.

(7) سورة المطففين، الآية 14.

تطبيقات

1- ﴿كَلَّآ إِذَا بَلَغَتِ ٱلتَّرَاقِيَ ۝ وَقِيلَ مَنْ رَاقٍ ۝ وَظَنَّ أَنَّهُ ٱلْفِرَاقُ ۝ وَٱلْتَفَّتِ ٱلسَّاقُ بِٱلسَّاقِ ۝ إِلَىٰ رَبِّكَ يَوْمَئِذٍ ٱلْمَسَاقُ ۝ فَلَا صَدَّقَ وَلَا صَلَّىٰ ۝ وَلَٰكِن كَذَّبَ وَتَوَلَّىٰ ۝ ثُمَّ ذَهَبَ إِلَىٰ أَهْلِهِ يَتَمَطَّىٰ﴾[1]

مَنْ رَاقٍ: السكت على كلمة (مَن)، ومن ثم إكمال كلمة (راق).

2- ﴿فَتَوَلَّ عَنْهُمْ يَوْمَ يَدْعُ ٱلدَّاعِ إِلَىٰ شَيْءٍ نُّكُرٍ﴾[2].

عَنْهُمْ يَوْمَ: لزوم الوقف على كلمة (عنهم)، لتفادي تغيير المعنى.

---

(1) سورة القيامة، الآيات 26-33.

(2) سورة القمر، الآية 6.

تمارين

تمارينٌ حولَ مصطلحات الضبط:

نقرأ هذه الصفحةَ مع مراعاةِ مصطلحاتِ الضبط.

﴿كَلَّا إِنَّ كِتَٰبَ ٱلۡفُجَّارِ لَفِى سِجِّينٖ ۝ وَمَآ أَدۡرَىٰكَ مَا سِجِّينٌ ۝ كِتَٰبٌ مَّرۡقُومٌ ۝ وَيۡلٞ يَوۡمَئِذٖ لِّلۡمُكَذِّبِينَ ۝ ٱلَّذِينَ يُكَذِّبُونَ بِيَوۡمِ ٱلدِّينِ ۝ وَمَا يُكَذِّبُ بِهِۦ إِلَّا كُلُّ مُعۡتَدٍ أَثِيمٍ ۝ إِذَا تُتۡلَىٰ عَلَيۡهِ ءَايَٰتُنَا قَالَ أَسَٰطِيرُ ٱلۡأَوَّلِينَ ۝ كَلَّاۖ بَلۡۜ رَانَ عَلَىٰ قُلُوبِهِم مَّا كَانُوا۟ يَكۡسِبُونَ ۝ كَلَّآ إِنَّهُمۡ عَن رَّبِّهِمۡ يَوۡمَئِذٖ لَّمَحۡجُوبُونَ ۝ ثُمَّ إِنَّهُمۡ لَصَالُوا۟ ٱلۡجَحِيمِ ۝ ثُمَّ يُقَالُ هَٰذَا ٱلَّذِى كُنتُم بِهِۦ تُكَذِّبُونَ ۝ كَلَّآ إِنَّ كِتَٰبَ ٱلۡأَبۡرَارِ لَفِى عِلِّيِّينَ ۝ وَمَآ أَدۡرَىٰكَ مَا عِلِّيُّونَ ۝ كِتَٰبٌ مَّرۡقُومٌ ۝ يَشۡهَدُهُ ٱلۡمُقَرَّبُونَ ۝ إِنَّ ٱلۡأَبۡرَارَ لَفِى نَعِيمٍ ۝ عَلَى ٱلۡأَرَآئِكِ يَنظُرُونَ ۝ تَعۡرِفُ فِى وُجُوهِهِمۡ نَضۡرَةَ ٱلنَّعِيمِ ۝ يُسۡقَوۡنَ مِن رَّحِيقٖ مَّخۡتُومٍ ۝ خِتَٰمُهُۥ مِسۡكٞۚ وَفِى ذَٰلِكَ فَلۡيَتَنَافَسِ ٱلۡمُتَنَٰفِسُونَ ۝ وَمِزَاجُهُۥ مِن تَسۡنِيمٍ ۝ عَيۡنٗا يَشۡرَبُ بِهَا ٱلۡمُقَرَّبُونَ ۝ إِنَّ ٱلَّذِينَ أَجۡرَمُوا۟ كَانُوا۟ مِنَ ٱلَّذِينَ ءَامَنُوا۟ يَضۡحَكُونَ ۝ وَإِذَا مَرُّوا۟ بِهِمۡ يَتَغَامَزُونَ ۝ وَإِذَا ٱنقَلَبُوٓا۟ إِلَىٰٓ أَهۡلِهِمُ ٱنقَلَبُوا۟ فَكِهِينَ ۝ وَإِذَا رَأَوۡهُمۡ قَالُوٓا۟ إِنَّ هَٰٓؤُلَآءِ لَضَآلُّونَ ۝ وَمَآ أُرۡسِلُوا۟ عَلَيۡهِمۡ حَٰفِظِينَ ۝ فَٱلۡيَوۡمَ ٱلَّذِينَ ءَامَنُوا۟ مِنَ ٱلۡكُفَّارِ يَضۡحَكُونَ﴾ [1].

---

(1) سورة المطفّفين، الآيات 7 - 34.